LAFER

Meine besten

GRILL

REZEPTE

INHALT

Natur, Freiheit, Abenteuer –
das alles wird hier geboten

GRILLEN

MEINE LEIDENSCHAFT

GRILLEN – MEINE LEIDENSCHAFT

EIN ERLEBNIS, DAS GENERATIONEN VEREINT

Grillen ist eine der geselligsten Formen, gemeinsam mit Familie und Freunden ein ausgedehntes Essen zu zelebrieren.

MEHR ALS EINE »SPINNERTE« IDEE

Ich muss gestehen, in meiner Kindheit und Jugend spielte Grillen für mich nie eine besondere Rolle. Jedenfalls kann ich mich nicht erinnern, dass es bei uns zu Hause jemals große Bedeutung gehabt hat. Wahrscheinlich habe ich mit meinen Freunden damals ab und an ein Steckerl-Brot über dem Feuer gemacht, aber das war es dann auch schon. In meiner Hamburger Zeit sah ich immer mal wieder Menschen an der Elbe sitzen, die in einem zusammengebastelten Blechkanister Feuer anfachten, ein Baustellengitter darüberlegten und ihre Würstchen darauf brutzelten – das hielt ich eher für »spinnert«, anfangen konnte ich damit nichts.

Ich erinnere mich auch an eine Safari in Afrika. Da saßen wir rund um ein Feuer und versuchten, ein Stück Fleisch zu grillen – sehr provisorisch und eher aus der Not geboren, denn wir mussten ja etwas essen. Das hatte in erster Linie etwas mit Nahrungsaufnahme zu tun. Meine Vorstellungen von Essen waren gänzlich verschieden und unter echtem Genuss stellte ich mir etwas anderes vor.

Das Thema packte mich erst, als ich zu einer Gartenausstellung in Karlsruhe 2005 den Auftrag erhielt, leckere Snacks für das Out- und Indoor-Grillen zu präsentieren. Wegen der anstehenden Fußball-WM sollte das alles etwas international und einfach zuzubereiten sein.

Unkomplizierte Geselligkeit, begleitet von Wärme, Geborgenheit und Entspannung – das ist etwas ganz anderes als das Kochen am Herd.

Grillen war also bis dahin so gar nicht meine Leidenschaft, aber als Koch und passionierter Globetrotter hatte ich immerhin jede Menge Ideen. Und so stand ich dann da, zum ersten Mal in meinem Leben, vor so einem top-modernen Gasgrill, der wie ein kleines Raumschiff ausschaut. Ich hatte »Chicken-Satés« und andere Kleinigkeiten aufgelegt und war eigentlich bester Dinge, bis die Holzspießchen plötzlich anfingen zu brennen. Was ich nicht wusste: Man sollte die Spieße vor dem Grillen mindestens 30 Minuten in kaltem Wasser einweichen, dann passiert das nicht und sie halten selbst die größte Hitze aus. So habe auch ich als Profikoch zunächst ganz elementare Grundlagen verinnerlichen müssen, spürte aber die Herausforderung, es in Zukunft besser zu machen. Zum Glück hatte ich einen Grillprofi an meiner Seite. Der zeigte mir dann erst einmal, worauf es ankommt und wie man es richtig macht. Seine Begeisterung und Gelassenheit steckten mich an.

Hoch motiviert schwärmte ich meiner Frau nach Beendigung dieses Auftrags vor: »Ich habe da was Neues entdeckt – wir brauchen unbedingt einen Grill!« Der war auch bald im Haus und wir merkten, wie wunderbar das ist, bei herrlichem Wetter im Garten zu sitzen, ganz entspannt den Grill anzuwerfen und zusammen mit Freunden und Familie das Essen im Freien zu genießen. So fing sie an, meine Grill-Leidenschaft. Und sie hat mich seitdem nicht mehr losgelassen. Heute ist genau dieses Thema mir zur echten Passion geworden.

DIE FASZINATION GRILLEN

Was macht denn nun eigentlich die besondere Faszination des Grillens aus? Darauf erhält man eine Menge spontaner Antworten. Entwicklungsgeschichtlich betrachtet, ist es schlicht eine archaische Garmethode und als solche kulturell annähernd überall auf der Welt verankert. Bis heute

werden dabei vermutlich die Urinstinkte des Menschen angesprochen. Durch die besondere Atmosphäre entsteht ein Gefühl von Ursprünglichkeit, Freiheit und Abenteuer. Man sitzt im Freien beisammen und der ausströmende Geruch steigert die Vorfreude auf das Essen. Ganz egal, ob am rustikalen Lagerfeuer, auf einem simplen Holzkohlegrill, mit einem mega-modernen Elektro- oder Gasgerät, ob im gemütlichen Kreis der Familie bei kleinen Snacks und Leckereien, in der zünftigen Männerrunde bei Steaks und Bier oder an der großen Tafel im Garten mit Nachbarn und Freunden, zu der jeder etwas aus seiner Küche beigesteuert hat.

Grillen ist aus meiner Sicht eine der kommunikativsten Arten, in aller Gelassenheit gemeinsam ein ausgedehntes Mahl zu zelebrieren. Das weckt die Neugierde und die Lust, selbst aktiv zu werden. So habe ich es immer wieder erlebt und diese Begeisterung möchte ich sehr gern weitergeben.

FÜR ALLE ETWAS DABEI

Beim Grillen kommt jeder auf seine Kosten, die Vielfalt begeistert – und die Zeiten, in denen Vegetarier noch häufig das Nachsehen hatten, sind allemal vorbei. Mit dem Wok gelingt selbst feinstes Gemüse so auf den Punkt, dass auch die Fleischesser nicht widerstehen. Probieren Sie doch auch einmal das Wintergrillen oder das Räuchern aus. Glühwein, Maroni und Entenbrust oder ein Lachs auf Zedernholz – das ist einzigartig, das ist wirklich eine Offenbarung. Und es hat überdies den Vorzug, dass die unerwünschten Gerüche draußen bleiben und der Reinigungsaufwand absolut überschaubar bleibt.

Gemeinsam mit Manuel Weyer, dem Leiter meiner Kochschule, habe ich die Rezepte für dieses Buch zusammengestellt. Wir möchten Ihnen hier eine Auswahl bieten, die nützliches Wissen mit vielfältigen Anregungen vermittelt. Grillen ist nämlich nicht nur ein Sommerhobby – das möchten

»Hähnchen auf der Bierdose oder Kaiserschmarrn vom Grill – das sind Ideen, mit denen Sie Gäste verblüffen und begeistern.«

wir beweisen, mit Ideen, die überzeugen und für jedermann umsetzbar sind. Und natürlich wollten wir auch verrückte und außergewöhnliche Dinge machen, die überraschen. Nichts gegen Würstchen und Holzfällersteak – aber dafür brauchen Sie uns ja nun nicht. Wir haben also versucht, uns in die verschiedenen Generationen und Altersgruppen hineinzuversetzen – und dabei das gesamte Potenzial ausgeschöpft, das sich offenbart.

Dieses Prinzip gilt auch für das jeweils benötigte Grillzubehör, das den Rahmen und die Möglichkeiten stetig erweitert. Wir verwenden zwar bei manchen Rezepten gusseiserne Grillkochtöpfe oder einen Pizzastein. Aber wir haben auch einiges ausprobiert und uns manches einfallen lassen, was nicht im Fachhandel zu erwerben ist, sondern aus einfachen Koch- und Backgeräten oder Alltagsgegenständen generiert werden kann: Seien es die Bierdose für das Grillhähnchen (siehe S. 134), hitzefeste Soufflé- oder Backförmchen (siehe S. 190) oder einfach ineinandergestellte Alu-Grillschalen (siehe S. 130) und doppelt gefaltete Alufolie (siehe S. 93).
Sie müssen sich auch nicht auf eine Weltreise begeben, um die in unseren Rezepten genannten Zutaten zu finden, oder sich Kombinationen annähern, die geschmacklich nicht vorstellbar sind. Nein, wir haben uns – bis auf wenige Ausnahmen – bewusst darauf konzentriert, realistisch und nachvollziehbar zu bleiben, damit das Ganze auch zu Hause verlässlich gelingt.

GAS ODER HOLZKOHLE?

Was die Grundausstattung betrifft, ist der Spielraum natürlich groß und nach oben hin nahezu offen – mehr dazu finden Sie auf den folgenden Seiten. Aus meiner Sicht ist es keinesfalls notwendig, gleich in die Vollen zu gehen. Entscheidend ist die Frage, wie intensiv und wofür man den Grill nutzen möchte. Lassen Sie sich am besten dazu im Fachhandel beraten!
Der Gasgrill hat den großen Vorteil, dass sich die Temperatur sehr differenziert justieren lässt; die Hitze ist schneller da und kann auch gleichmäßig gehalten werden – das ist beim Holzkohlegrill mit dieser Präzision natürlich nicht machbar. Die Glut braucht hier ihre Zeit, um sich zu entwickeln, und das schnelle Grillen ist nicht so einfach möglich. Aber beide Grillarten haben etwas für sich und damit durchaus auch ihre Berechtigung.

Nicht nur Krossbraten – auf dem Grill sind heutzutage viele Garmethoden möglich.

MEINE PERSÖNLICHEN TIPPS UND TRICKS

• Gutes einkaufen

Achten Sie bei beim Einkauf auf gute Qualität und verwenden Sie die Zutaten möglichst frisch.

• Rechtzeitig einlegen

Legen Sie Ihr Grillgut möglichst selbst ein – und das bestenfalls bereits einige Tage zuvor. So können Sie sicher gehen, dass die Würze stimmt und sich die gewünschten Aromen nach Ihrem persönlichen Geschmacksempfinden entfalten.

• Neues ausprobieren

Für Marinaden gibt es viele Möglichkeiten, die sich variantenreich abwandeln lassen. Ingwer, frische Chili, Knoblauch, Zitronenschale oder Pfefferkörner, dazu etwas Öl, eine Würzsauce oder auch eine Paste – es braucht gar nicht viel und eine feine Marinade ist im Handumdrehen parat.

• »Rückwärts« garen

Klingt paradox, aber das Vorwärmen im Backofen ist genial. Ich lege das Fleisch bei etwa 60 °C – je nach Art und Dicke – 1 bis 2 Stunden zum Vorgaren hinein. Danach kommt es nur noch zum Bräunen kurz auf den Grillrost. So entsteht ein perfektes Steak – ich schwöre, so gut bekommen Sie das auf dem Herd niemals hin. Der Geschmack ist unvergleichlich, es ist innen wunderbar zart und saftig und außen schön würzig. Und das lässt sich plausibel erklären: Auf dem Grill erreichen wir Temperaturen von 400 °C und mehr – das erzeugt einzigartige Röstaromen und das Fleisch bräunt herrlich.

GRILLEN – MEINE LEIDENSCHAFT

GRILLGERÄTE UND -TECHNIKEN

Kohle oder Gas, direkt oder indirekt, mit Deckel oder ohne – beim Grillen gibt es mittlerweile tausend Möglichkeiten. Je nach gewünschtem Ergebnis kommen auf dem Rost raffinierte Grilltechniken zum Einsatz.

Wer das Aroma von frisch Gegrilltem liebt, findet heute eine große Auswahl an innovativen Grillgeräten. Am einfachsten unterscheidet man sie danach, womit man jeweils die Hitze erzeugt – Holzkohle, Gas oder Strom (wobei der Elektrogrill hier außen vor bleibt). Der Holzkohlegrill ist dabei unangefochten der Klassiker, auch wenn es heutzutage als Mythos gilt, dass Fleisch vom Holzkohlegrill besser schmeckt. Wenn man es allerdings ursprünglich mag und das Spiel mit dem Feuer liebt, dann kommt man um den Holzkohlegrill nicht herum. Jedes einfache Modell besteht aus Gestell, Grillschale und Rost. Idealerweise lässt sich der Grillrost dabei in der Höhe verstellen. So kann man nämlich die Hitzestärke regulieren. Außerdem wichtig: Ein stabiler Windschutz, der dafür sorgt, dass die Glut ruhig brennen kann und die Asche nicht hochwirbelt.

Heute sind die raffinierteren Kugel- oder Kesselgrills in vielen Haushalten üblich. Alle Rezepte in diesem Buch beziehen sich auf das Grillen im Kugelgrill (alternativ ist in den meisten Fällen das Vorgehen mit dem Gasgrill angegeben). Beim Kugelgrill liegt die Kohle nicht direkt am Boden der Grillschale, sondern auf einem Extra-Zwischenrost. Damit bekommt die Kohle beziehungsweise die Glut von unten Luft und kann besonders gut und schnell Hitze erzeugen. Der Grillrost ist dafür nicht höhenverstellbar, die Hitze reguliert man stattdessen über die Luftzufuhr.

Im geschlossenen Kugelgrill gart man indirekt mit einer Wasserschale unter dem Grillrost.

Dazu ist unter der Grillkugel ein Metallzylinder angebracht, der als Aschebehälter fungiert und an dem sich regulierbare Lüftungsventile befinden. Sobald man den Deckel des Grills zuklappt, herrscht neben der direkten Strahlungswärme im geschlossenen Kugelgrill auch indirekte Strömungswärme – ähnlich einem Umluftofen.

Wenn Sie eine Alu-Grillschale mit Wasser füllen und gleichzeitig mit in den Kugelgrill stellen – am besten auf den Kohlenrost unterhalb des Grillguts auf dem Grillrost –, bleibt die Temperatur im Inneren des Grills gleichmäßiger. Außerdem fängt die Wasserschale heruntertropfendes Fett, Marinade oder Fleischsaft auf. Verbrennt oder verqualmt Fett auf den heißen Kohlen, können gesundheitsschädliche Stoffe entstehen. Alternativ platzieren Sie Steak, Fisch und Co. zum Grillen einfach in Alu-Grillschalen (unbedingt ohne Löcher).

HITZE JE NACH LUFTZUFUHR

Für Grillgut mit langer Garzeit muss die Hitze unter dem Grillrost, beziehungsweise im Inneren des geschlossenen Grills, ausreichende Zeit konstant bleiben. Dazu benötigt die Glut kontinuierlich Sauerstoff aus der Luft. Durch die oberen und unteren Lüftungsschlitze an Deckel und Aschebehälter kann Luft in den Garraum strömen. Lässt man mehr Luft hinein, glüht die Kohle stärker und die Temperatur steigt. Schließt man die Luftöffnung, ist weniger Sauerstoff vorhanden und die Hitze schwächt sich ab.

Beim Kugelgrill lässt sich die Temperatur am Thermometer auf dem Grilldeckel ablesen. Bei den Rezepten arbeiten wir mit diesen Hitzestufen: schwache Hitze 120–140 °C, mittlere Hitze 160–180 °C, starke Hitze 200–230 °C oder mehr. Genauer kann man die Hitze beim Gasgrill regulieren.

DAS SPIEL MIT DER GLUT

• Direkte Hitze
Das Grillgut brutzelt hierbei auf dem Rost direkt über der Glut und meist bei hohen Temperaturen. Geeignet zum Angrillen von Steaks und Koteletts oder zum Anbraten von Zwiebeln und Co. in einer Alu-Grillschale.

• Indirekte Hitze
Soll Fleisch oder Fisch schonend gegart werden, legt man diese nicht direkt über der Glut auf den Rost, sondern daneben. Dazu schiebt man die Glut rundum an den Rand oder komplett auf eine Seite. An die frei gewordene Stelle kommt eine Wasserschale als Tropfschutz unter das Grillgut (siehe Foto S. 16). Geeignet für Stücke, die zum Garen niedrigere Temperaturen oder eine längere Zeit (2 bis 5 Stunden) benötigen, zum Fertiggrillen von kräftig angebratenen Steaks oder für Gebäck vom Grill.

• Mit oder ohne Deckel
Ohne Deckel (offen) gart man in der Regel nur bei direkter Hitze – das ist für kurzes kräftiges Anbraten oder Grillen ideal. Wenn Sie mit geschlossenem Deckel (egal, ob direkt oder indirekt) grillen, hält die Wärme längere Zeit, zirkuliert im gesamten Kessel und wirkt so gleichmäßig auf das Grillgut ein. Im geschlossenen Grill lässt sich auch die empfohlene Temperatur besser erreichen und konstant halten.

GRILLEN AUF DEM GAS

Gasgrills sind im Handumdrehen einsatzbereit, die Hitze lässt sich mit Drehreglern leicht einstellen. Rauch und Ruß sind kein Thema. Eines sollte man jedoch rechtzeitig vor dem Grillen prüfen: Ob eine Ersatzflasche mit Gas vorrätig ist!
Für den normalen Hausgebrauch reicht ein einfacher Grill mit zwei bis drei Brennern, dann können Sie auch indirekt grillen. Der Gasbrenner erhitzt zunächst eine Schicht von Lava- oder Keramiksteinen. Diese liegen unter dem Grillrost und geben die Hitze an das Grillgut weiter.
Auch bei Gasgrills besteht das Problem, dass ab und zu Fett heruntertropft und verbrennt. Außerdem kann es mit Gas zu gefährlichen Stichflammen kommen. Einige Modelle haben die Keramiksteine deshalb seitlich montiert oder praktische Abtropfritzen neben dem Brenner. Bei anderen nehmen die Lava- und Keramiksteine das Bratenfett auf und lassen sich einfach austauschen.

Wenig Zeit für langes Anheizen mit Holz, Kohle oder Briketts? Dann sind Gasgrills eine gute Alternative zu Holzkohlegrills. Mit ihnen spart man sich die Zeit fürs Anheizen und Entsorgen der Glut.

»Der Grillmeister ist der wichtigste Mann auf dem Platz: Ihm obliegt die Aufsicht über die Glut und die richtige Hitze. Hier können Sekunden entscheidend sein.«

HOLZ, KOHLE ODER BRIKETTS?

Nach der Wahl des Gerätes müssen Sie sich für das Brennmaterial entscheiden. Ein Lagerfeuer nur aus Holzscheiten mutet archaisch an – Jahrtausende lang konnte der Mensch nur so Lebensmittel garen. Ein Nachteil: Man benötigt relativ viel Holz, die Glut wird nicht sehr heiß und hält nicht lange. Und es raucht manchmal extrem stark (vor allem bei feuchtem Holz).

Eine Glut aus Holzkohle entwickelt dagegen eine stärkere und gleichmäßigere Hitze – bei gleichzeitig weniger Rauchbildung. Zur Herstellung von Kohle werden Holzscheite bei starker Hitze fast ohne Sauerstoff verkohlt. Dadurch fangen die Kohlestücke auf dem Grill schneller zu glühen an. Bei Holzkohle lohnt es sich, etwas mehr in eine richtig gute Kohle zu investieren, denn billige Ware kann belastetes Altholz enthalten und später beim Verbrennen möglicherweise ungesunde Rückstände freisetzen.

Wer die Glut besonders lange (3 bis 4 Stunden) am Glimmen halten möchte, nimmt am besten Briketts. Sie bestehen aus Holzkohle, die zerkleinert und mit Pflanzenstärke zu kleinen Stücken gepresst worden ist. Es dauert zwar etwas länger, bis die Briketts angezündet sind, aber dafür glühen sie um einiges länger.

Tipp: Um trotz Briketts das typische Holzkohlearoma auf dem Grillgut zu erhalten, können Sie nach dem Anzünden der Briketts noch ein paar Holzkohlestücke mit anzünden. Wie man den Grill anzündet, erfahren Sie rechts (siehe S. 19).

PERFEKT GEGART

Vor allem bei Steaks kommt es darauf an, die geeignete Hitze zu wählen und den richtigen Zeitpunkt abzupassen. Das Fleisch soll außen kräftig geröstet, innen aber noch rosa und weich sein. Ein praktischer Trick für ein perfekts Ergebnis besteht im sogenannten »Rückwärtsgaren« (siehe S. 13).

Zum Überprüfen des Garzustands hilft ein Drucktest: Einfach mit dem Daumen auf das Fleisch drücken, wenn es leicht nachgibt und wieder zurückfedert, ist es perfekt. Alternativ können Sie die jeweils im Rezept angegebene Kerntemperatur mit einem Bratenthermometer prüfen.

WERKZEUG IST ALLES

Die Basis-Ausstattung beim Grillen besteht neben Grill und Brennmaterial aus Kohlenzange, Pinsel und Wender, Grillhandschuhen und -schürze. Daneben gibt es mittlerweile eine Reihe von speziellen Aufsätzen und Grillkochgeschirren, die auch teils bisher unbekannte Zubereitungstechniken auf dem Grill erlauben: gusseiserne Woks, Pfannen und Töpfe (wie den Dutch Oven mit flachem, gut schließendem Deckel), Pizzasteine und Grillplatten, Grillkörbe für Fisch oder Gemüse sowie große Drehspieße für ganze Braten.

Seit mehreren Jahren ist daneben das Spiel mit Holzaromen sehr beliebt. Beim sogenannten »Plankengrillen« gart man (z. B. Fisch) auf speziellen Räucherbrettern, die man über die glutfreie Fläche auf dem Grillrost platziert. Beim Räuchern verteilt man spezielle Holz- oder Räucherchips auf der Glut oder gibt sie beim Gasgrill in eine spezielle Räucherbox. Jede Holzsorte gibt dabei ein anderes Aroma ab. Holzchips – und auch das Brett – müssen vorher mind. 30 Minuten in Wasser eingelegt werden, damit sie auf dem Grill nicht verbrennen, danach verqualmen die Chips auf der heißen Kohle. Gegrillt wird dabei indirekt und mit geschlossenem Deckel. Das Raucharoma kann relativ schnell und intensiv in das Grillgut eindringen.

Mit einem praktischen Anzündkamin bringt man Kohle und Briketts rasch zum Glühen.

DEN GRILL ANFEUERN – SO GEHT'S

Das Herstellen einer kräftigen Glut bedarf einiger fachmännischer Handgriffe. So können Sie Schritt für Schritt vorgehen:

1 Zuerst in der Mitte der Grillschale eine kleine Pyramide bauen – nur aus Holzkohle oder Briketts und Grillanzünder oder mit zerknülltem Zeitungspapier, Holzspänen und Ästchen dazu. Dann anzünden und einige Zeit brennen lassen.

2 Wer nicht lange fackeln möchte, verwendet statt der anfänglichen Pyramide sichere Anzündwürfel! Auch hilfreich: Ein Anzündkamin, den man mit Kohle und Briketts füllt und dann anzündet. Hier entsteht automatisch ein Luftzug und die Kohle beginnt schnell zu glühen.

3 Sobald die Kohlestücke leicht glühen, weitere kalte Kohle- oder Brikettstücke (mit der Kohlenzange!) darüberschichten. Bei Bedarf Luft zufächeln. Brennt die Kohle gleichmäßig, wird sie über die ganze Grillschale verteilt. Durch die unterschiedliche Verteilung der Glut entstehen verschiedene Temperaturzonen.

4 Die Kohle weiter brennen lassen. Falls möglich, den Deckel schließen und dabei den Lüftungsschacht öffnen. Nachdem die Kohle durchgeglüht ist und sich eine weiße Ascheschicht gebildet hat, ist die Temperatur ideal zum Auflegen.

Tipp: *Bei offenen Grills lässt sich die Hitze mit der Hand messen: Dazu die flache Hand etwa 12 Zentimeter über die Kohlen halten und die Sekunden zählen. Je nachdem, nach wie viele Sekunden Sie Ihre Hand zurückziehen müssen, bedeutet dies:*
- schwache Hitze (120–140 °C): nach 8–9 Sekunden,
- mittlere Hitze (160–180 °C) nach 5–7 Sekunden,
- starke Hitze (200–230 °C) nach 2–4 Sekunden.

LECKERES VOM ROST

Was brutzelt da auf dem Rost? Die Antwort lautet neuerdings nicht mehr einfach »Fleisch und Würstchen«. Auch Fisch, Käse und Gemüse landen heute auf dem Grill.

Ob Fleisch schön weich durchgart, hängt stark von seiner Qualität ab. Dabei spielt es keine Rolle, ob das Stück auf dem Grill oder in der Pfanne zubereitet wird. Am besten kaufen Sie das Fleisch bei einem Metzger ein, auf den Sie sich verlassen können. Je nachdem, wie ein Tier gehalten und das Fleisch direkt nach dem Schlachten behandelt wird, gewinnt (oder verliert) es an Qualität.

Wichtig: Bringen Sie das Fleisch vor dem Grillen unbedingt auf Zimmertemperatur. Es sollte nicht direkt aus dem Kühlschrank auf den Grill gelegt werden, denn sonst kann es zu einer Art Schockreaktion kommen, die die Fleischqualität beeinträchtigt. Nehmen Sie Steak und Co. daher mindestens 1 Stunde vorher aus dem Kühlschrank.

RIND- UND KALBFLEISCH

Gutes Rindfleisch sollte immer richtig gereift sein. Dazu lässt es der Metzger nach dem Schlachten mindestens 2 Wochen abhängen. Je länger das Fleisch reift, umso ausgeprägter sein Aroma.

Je nach Alter, Haltung und Rasse ist das Rindfleisch unterschiedlich stark marmoriert. Die feinen Fettadern, die das Fleisch durchziehen, sorgen dafür, dass das Fleisch schön saftig brät. Da Fett auch Aromaträger ist, gibt die Marmorierung dem Fleisch den richtigen Geschmack: Durch die Hitze schmelzen die Fettadern und machen das Fleisch saftig. Eine nur geringe Fettmarmorierung kann darauf hinweisen, dass das Tier zu schnell und intensiv gezüchtet wurde.

Das dunkle Entenfleisch harmoniert mit intensiven Aromen von Heidelbeeren und Kaffir-Limettenblättern in asiatischer Marinade (siehe S. 137).

Auf manchen Fleischstücken sitzt am Rand dickes Fett. Es sollte hellweiß (nicht grau) sein. Wer will, schneidet den Fettrand ab – aber erst nach dem Garen, weil er das Fleisch beim Braten saftig hält. **Tipp:** Bei Grill-Profis besonders beliebt ist trocken gereiftes Rindfleisch (auf englisch »dry aged«). Dabei lässt man das Fleisch nicht unter Vakuum reifen, sondern »trocken« an der kühlen Luft.

LAMMFLEISCH

Die Tiere werden in der Regel mit sechs bis zwölf Monaten geschlachtet. Waren sie noch kein halbes Jahr alt, spricht man von Milchlammfleisch, über einem Jahr von Schaffleisch. Das Alter ist wichtig für die Fleischqualität – je jünger das Tier bei der Schlachtung, umso zarter Aroma und Struktur und umso heller die Farbe von Fleisch und Fett. Gutes Lammfleisch sollte fein marmoriert sein.

BEST FOR BBQ

• Rind und Kalb

Zarte Teilstücke (direkte Hitze, kurze Garzeit): Steaks (Porterhouse, Tomahawk, Rib-Eye, T-Bone), Lende, Filet, Kalbsteaks aus der Lende.
Festere Teilstücke (direkte Hitze): Steaks aus dem flachen Roastbeef oder Entrecote, Hals oder Bauch, Kalbssteaks aus der Schulter.
Größere Teilstücke (indirekte Hitze): Filet, Braten, Kalbskarree, Brust, Rippenbraten.

• Lamm

Zarte Teilstücke (direkte Hitze, kurze Garzeit): Steaks aus Lende oder Keule.
Festere Teilstücke (direkte Hitze): Koteletts.
Größere Teilstücke (indirekte Hitze): Rückenfilets, Karree, Keule (am Knochen oder ausgelöst als Rollbraten), Rippenbraten.

• Schwein

Zarte Teilstücke (direkte Hitze, kurze Garzeit): Stielkoteletts oder Steaks aus der Lende, Filet.
Festere Teilstücke (direkte Hitze): Nackenkoteletts, Steaks aus der Schulter, Schinkensteak.
Größere Teilstücke (indirekte Hitze): Rippen-, Lenden- und Schinkenbraten, Spanferkel, Rippchen, Schulter, Bauch, Filet.

• Geflügel

Zarte Teilstücke (direkte Hitze, kurze Garzeit): Brustfilets, ausgelöste Schenkel sowie Flügel; ausgelöste Entenbrust.
Größere Teilstücke (indirekte Hitze): Brust mit oder ohne Knochen, ganzes Hähnchen, Stubenküken, Wachteln, ganze Ente.

• Wild

Zarte Teilstücke (direkte Hitze, kurze Garzeit): Reh-/Hirschfilets.
Festere Teilstücke (direkte Hitze): Hirschsteaks/-medaillons, Reh-/Hirschrücken, Spareribs.

SCHWEINEFLEISCH

Anders als beim Rind muss Schweinefleisch nach dem Schlachten nicht abhängen oder reifen. Im Gegenteil – es sollte am besten frisch eingekauft und rasch zubereitet werden.

Gute Qualität zeigt sich an einem angenehmen Geruch, zarter bis kräftiger rosa Farbe sowie weißen Fettadern und -rändern. Das Fleisch sollte fest sein und auf Fingerdruck leicht nachgeben. Schwimmt das Fleisch roh im eigenen Saft oder weist es eine wabbelige Konsistenz auf, ist die Qualität nicht mehr optimal.

GEFLÜGELFLEISCH

Bei Hähnchen, Ente und Co. empfiehlt es sich – nicht nur zum Grillen –, Fleisch aus artgerechter Haltung zu kaufen. Dann sind die Tiere garantiert im Freiland aufgewachsen und ihr Fleisch ist schmackhaft, fest und saftig. Geflügel kommt sowohl im Ganzen als auch als Teilstücke in den Verkauf. Bei Geflügelstücken wie zum Beispiel Flügeln und Schenkeln sollte man beim Grillen beachten: Möglichst immer gleich große beziehungsweise dicke Stücke auflegen, so grillen sie alle die gleiche Zeit und sind gleichzeitig fertig.

Wichtig: Geflügel muss aufgrund der Salmonellengefahr immer vollständig durchgegart sein! Vor der Zubereitung das Fleisch kalt abbrausen und mit Küchenpapier trocken tupfen. Anschließend Hände sowie benutzte Arbeitsgeräte und -flächen ebenfalls gründlich reinigen.

WILDBRET

Immer öfter landen auch Filets und Steaks von Reh, Hirsch und Wildschwein auf dem Grillrost. Das Fleisch lässt sich ähnlich wie Rind- oder Schweinefleisch zubereiten. Es sollte bei Reh und Hirsch ebenfalls gereift sein.

Sie erhalten Wildfleisch direkt vom Jäger, beim Metzger (am besten vorbestellen) oder aus der Tiefkühltheke. Wild aus hygienischen Gründen stets auf eine Kerntemperatur von 70 °C oder darüber erhitzen und diese Temperatur mindestens 2 Minuten halten, um das Fleisch durchzugaren.

»Achten Sie bei Meeresfischen auf nachhaltigen Fischfang. Der Marine Stewardship Council vergibt seit 1997 das MSC-Umweltsiegel für zertifizierte nachhaltige Fischerei.«

FISCH UND MEERESFRÜCHTE

Wer schon einmal einen frisch gegrillten Steckerlfisch gegessen hat, wird es bestätigen: Auch Fisch vom Holzkohle- oder Gasgrill schmeckt unvergleichlich gut! Geeignet für den Grillrost sind festfleischige Fische oder Fischfilets sowie -koteletts. Sie lassen sich entweder mit Haut direkt auf den Rost legen oder man grillt sie im Folienpäckchen, Bananenblatt oder in der Alu-Grillschale. Meeresfrüchte wie Garnelen, Scampi, Tintenfische (ganz oder in Ringen) sowie kleine Oktopusse garen auf dem Rost ebenfalls sehr gut.
Achten Sie beim Fischeinkauf immer auf Frische! Sie zeigt sich an klaren, prallen Augen, hellroten Kiemen sowie einer glänzenden Haut mit klarer Schleimschicht. Das Fischfleisch sollte fest und elastisch sein. Wenn man es leicht eindrückt, darf keine Mulde zurückbleibt. Außerdem riecht frischer Fisch nie nach Fisch.

FÜR VEGGIE-FANS

Egal, ob als Beilage oder Hauptgericht – zum Grillen eignen sich viele Gemüsesorten: zum Beispiel Tomaten, Zwiebeln, Paprika, Zucchini, Auberginen, Avocadohälften, Champignons, Möhren oder Fenchel, Süßkartoffeln oder Kürbis, Chinakohl oder Pak-Choi. Wichtig ist nur, dass man kleine Gemüsestücke (Pilze oder Kleingeschnittenes) in einer Alu-Grillschale oder auf Spießen gart. So fällt nichts durch den Grillrost.

BEST FOR BBQ

• Fisch und Meeresfrüchte
Festfleischige Sorten: Filets und Steaks von Schwertfisch, Thunfisch, Lachs, Rotbarsch, Zackenbarsch, Tintenfisch, Dorade.
Zarte Sorten: Filets und Steaks von Seeteufel, Heilbutt, Makrele, Seebarsch, Red Snapper.
Zarte Filets: Felsenbarsch, Wolfsbarsch, Blaufisch, Forelle, Scholle.
Ganze Fische: Red Snapper, Felsenbarsch, Wolfsbarsch, Zackenbarsch, Blaufisch, Makrele, Forelle, Rotbarbe, Sardine.
Meeresfrüchte: Garnelen, Hummer, Tintenfische, kleine Oktopusse, Jakobsmuscheln, Mies- und Venusmuscheln.

Gemüse, Obst, Käse, Tofu vom Grill – nicht nur für Vegetarier.

Gemüsesorten, die leicht Saft ziehen, packt man am besten in Alufolie ein. Lecker sind mit Kräutern oder anderen Zutaten gefüllte große Gemüse oder Kombinationen mit Speck oder Käse. Gemüse wie Brokkoli oder grüne Bohnen, die sonst in Wasser garen, vor dem Grillen kurz blanchieren.

OBST AM SPIESS

Sehr gut lassen sich Sorten wie Äpfel, Birnen, Pfirsiche, Nektarinen, Ananas oder Mango grillen – entweder solo oder gemischt auf einem Spieß. Das Obst sollte reif, aber noch fest sein. Beim Grillen wird es nämlich weicher und zieht meistens Saft. Auch ein Grund dafür, warum man Früchte am besten in der Alu-Grillschale oder Alufolie grillt.

KÄSE UND TOFU VOM ROST

Die Eiweißalternative für den Veggie-BBQ-Fan ist Käse in verschiedenen Varianten. Zum Grillen eignen sich feste Weichkäsesorten wie Schafskäse (Feta), Ziegenkäserolle oder Camembert im Ganzen. Käse, die schnell schmelzen wie zum Beispiel Cheddar, sollte man nur mit Gemüse gemischt und am besten in Folie gewickelt oder in einer Alu-Grillschale auf den Rost legen. Solche Käsesorten sind übrigens auch ideal zum finalen Überbacken von Gemüse oder Fleisch – als sogenanntes Käse-Topping.

Alternativ können Sie auch Natur-Tofu nach Herzenslust marinieren und im Folienpäckchen oder Bananenblatt auf dem Grillrost garen. Wichtig: Vorher gut abtropfen lassen und kräftig würzen.

GRILLEN – MEINE LEIDENSCHAFT

WÜRZWUNDER

Wahre Virtuosität am Grill beweist, wer Steaks, Fisch und Co. mit Kräutern und Gewürzen aromatisch würzt, ohne das Grillaroma dabei zu stören.

Wenn Sie ein qualitativ sehr hochwertiges Stück Fleisch – gut durchwachsen beziehungsweise marmoriert und am besten noch aus artgerechter Haltung – grillen möchten, reicht es meist, das Fleisch nur mit Salz und Pfeffer zu bestreuen. Denn herausragende Fleischqualität steht für sich und sollte möglichst nicht von Gewürzen überdeckt werden.

SALZ, PFEFFER UND ÖL

Bei Salz und Pfeffer gibt es mittlerweile ein großes Warensortiment: von feinem Salz über Meersalz bis zu Fleur de Sel und Rauchsalz, von weißem und schwarzem Pfeffer über rote Pfefferbeeren bis zu grünen Pfefferkörnern. Am besten ganze Pfefferkörner im Mörser zerstoßen oder in einer Gewürzmühle frisch mahlen und über das Grillgut streuen. So entwickelt der Pfeffer sein volles Aroma. Sie können die Körner auch nur grob zerstoßen und dann fest in das Steak hineindrücken.

Salz führt während des Grillens zu einer guten Aromabildung. Salzen vor dem Grillen ist durchaus erlaubt, wenn das Fleisch danach sofort auf den Rost kommt. Ist das nicht garantiert, sollten Sie es lieber erst zum Essen salzen. Würde das gesalzene Fleisch nämlich noch länger liegen, könnte das Salz Wasser aufnehmen und das Fleisch würde bald in einer Wasserlache schwimmen. Lediglich Grillstücke mit Knochen oder harter Schale können länger im Salz ziehen. Denn hierbei braucht das Salz mehr Zeit, bis es die festen Bestandteile durchdrungen hat und auf das saftige Fleisch trifft.

KRÄUTER UND GEWÜRZE

Die wenigsten frischen und getrockneten Kräuter oder Gewürze halten starker direkter Hitze stand. Damit sie beim Grillen nicht verbrennen, gibt man sie daher meist erst nach dem Garen auf das Grillgut. Oder man grillt die bereits gewürzten Stücke nur kurz oder nur bei schwacher Hitze. Tolle Aromen erzielt man mit Gewürzmischungen – egal ob mit selbst gemachter Marinade oder Mop, mit einem würzigen Rub oder mit hochwertigen fertigen Grillgewürzen. Ideen dafür finden Sie überall bei den Rezepten. **Tipp:** Verwenden Sie Vakuumierbeutel zum Einlegen. Man kommt so mit weniger Flüssigkeit aus und bringt das Fleisch unter Vakuum rundum optimal mit der Marinade in Kontakt.

BESTE BBQ-WÜRZZUTATEN

- **Chili und Co.**
Gibt es frisch, getrocknet oder pulverisiert. Probieren Sie auch einmal Chili-Varianten wie Harissa, Cayennepfeffer oder Bird-Eye-Chili.

- **Gewürze**
Gut geeignet sind Fenchel- und Kümmelsamen, Korianderkörner, Muskatnuss, fruchtiges Currypulver, rosenscharfes Paprikapulver, Safran, Senfkörner, Vanilleschoten, Wacholder.

- **Aromageber**
Auch Schalotten, Zwiebeln oder Knoblauch eignen sich zum Würzen von Fleisch und Fisch auf dem Rost bestens. Senf, Ingwer und Meerrettich verleihen eine angenehme Schärfe. Für Rubs und Marinaden unerlässlich sind Zitrusfrüchte wie Zitrone, Limette und Orange.

- **Mediterrane Kräuter**
Thymian, Rosmarin, Lorbeer, Bohnenkraut, Salbei, Majoran wachsen fast alle an Sträuchern, sind robust und dementsprechend stabil gegenüber starker Hitze.

- **Frische Kräuter**
Zartes Grün von Oregano, Basilikum, Minze oder Koriander verbrennt schnell auf dem Grill. Diese Kräuter sollten daher immer nur kurz oder erst nach dem Grillen aufgestreut werden. Asiatische Sorten wie Koriandergrün, Kaffir-Limettenblätter oder Thai-Basilikum sowie Wildkräuter wie Bärenklau, Bronzefenchel oder Sauerampfer sorgen für exotisches Aroma.

Eine typische Tandoori-Marinade (siehe S. 122) besteht aus Joghurt sowie einem ganzen Reigen exotischer Gewürze – ideal für Hähnchen.

MARINADE UND BRINE

Grillmarinaden basieren meist auf Öl oder Joghurt, die man mit Zutaten wie Kräutern und Gewürzen, Essig, Wein oder Zitrussäften, Knoblauch verrührt. Da Öl und Joghurt der Hitze gut standhalten, können Sie Marinaden daraus auch bei höheren Temperaturen beziehungsweise längere Zeit grillen.

Grillmarinaden sollen das Grillgut mit einem unverwechselbaren Geschmack impfen. Dabei haben sie ein ganz unterschiedliches Tempo: Für große Fleischstücke rechnet man mindestens 2 Tage, für dünne Fleischscheiben und Fisch nur 1 bis 2 Stunden, für Gemüse reicht noch weniger Zeit. Marinaden mit frischen Kräutern erst kurz vor Ende der Grillzeit auftragen – damit die Kräuter beim Grillen nicht verbrennen.

Achten Sie darauf, dass das Grillgut komplett von der Marinade bedeckt ist, wenn es darin länger liegt. Am besten beschweren Sie es und lagern es im Kühlschrank. Vor dem Grillen dann gut abtupfen, sonst tropft etwas in die Glut und kann ungesunden Rauch entwickeln. Außerdem könnte auch das Marinadenaroma zu stark durchschmecken. Brines sind verdünnte Marinaden auf Basis von Salz, Zucker oder Säure, in die das Grillgut ebenfalls eingelegt wird.

Tipp: Fleisch lässt sich auch nur mit Öl bestreichen und darin marinieren. Dafür eignen sich beispielsweise Oliven-, Erdnuss- oder Rapsöl – alle drei sind hoch erhitzbar und damit auch für Marinaden geeignet. Das Öl verhindert, dass Fleisch oder Fisch auf dem Grill austrocknen.

RUB

Ebenso kommen auch Rubs (engl. »to rub« = einreiben) vor dem Grillen auf das Fleisch. Rubs sind trockene Gewürzmischungen, die man sanft in das Fleisch einmassiert. Man spricht hier vom trockenen Marinieren. Vor allem dick aufgetragen sorgen Rubs für eine dünne Aromakruste, die das Fleisch vor dem Austrocknen schützt. Grillgut mit Rubs ebenfalls nur kurz oder nur sanft grillen, da sonst die Gewürze verbrennen oder unangenehm bitter werden.

Rubs bestehen meist aus Salz, gemischt mit trockenen Gewürzen. Da das Salz aus dem Grillgut Wasser ziehen könnte, sollte mit stark salzhaltigen Rubs gewürztes Fleisch und Fisch sofort nach dem Einreiben auf den Grill kommen. Es gibt auch Rubs auf der Basis von Zucker oder Honig – diese sollte man nie zu stark erhitzen, da Zucker schnell bitter werden kann.

LACK UND MOP

Unter Lacken (auch Glasuren genannt) versteht man ebenfalls flüssige Würzmischungen auf der Basis von Honig, Ahornsirup, Zuckerrübenkraut oder Ähnlichem. Sie enthalten in den meisten Fällen Zucker und sollten daher ebenfalls nur kurz der Hitze auf dem Grill ausgesetzt sein. In der Regel streicht man Lacke erst in den letzten Minuten der Grillzeit mit einem Pinsel auf. Ebenso wie bei Rubs auf süßer Basis karamellisiert auch hier der Zucker und verleiht Fleisch, Fisch und Co. eine aromatische Kruste.

Ein Mop ist etwas dünnflüssiger als ein Lack und kommt ebenfalls erst während des Grillens oder am Ende über das Grillgut – wie der Name sagt, mit einem kleinen Mop-Pinsel.

UND OBENDRAUF?

Vor allem im BBQ-Land Amerika ist es sehr beliebt, Steaks und Burger kurz vor Ende der Grillzeit noch mit einem Topper zu versehen. Erlaubt ist dabei alles, was nach dem Grillen – vor dem Servieren – sonst noch auf Steak, Fisch und Co. aufgelegt werden kann: zart schmelzende Zwiebeln oder geschmorte Pilzscheiben, eine resche oder sahnige Kruste aus Käse sowie klein gehackte Kräuter und gewürfelte Früchte.

Am besten gegrillt:
Zutaten für

VORSPEISEN

ASIATISCHER CHINAKOHLSALAT

mit Pflaumen und Cashewkernen

1 Den Grill für direkte mittlere bis starke Hitze vorbereiten. Für den Salat den Chinakohl putzen. Die äußeren Blätter entfernen, waschen und trocken schütteln.

2 Die Blätter mit Öl bestreichen und offen bei direkter Hitze (180–200 °C) grillen, bis ein Muster entsteht. Anschließend salzen und in Streifen schneiden.

3 Den restlichen Kohl vierteln und entstrunken. Die Blätter waschen, trocken schütteln und in Streifen schneiden. Die Pflaumen waschen und halbieren, entkernen und in Spalten schneiden. Die Ananas schälen und vierteln, entstrunken und in Stücke schneiden. Gegrillte und rohe Kohlstreifen mit Pflaumen und Ananas mischen.

4 Für die Vinaigrette die Passionsfrüchte halbieren und das Fruchtfleisch mit einem Löffel auslösen. Knoblauch und Ingwer schälen und würfeln. Chili halbieren und entkernen, waschen und ebenfalls würfeln.

5 Passionsfruchtmark, Knoblauch, Ingwer, Chiliwürfel, Zucker und Öl verrühren und die Vinaigrette mit Salz und Chili würzen. Mit den Salatzutaten mischen und den Salat zum Servieren mit Cashewkernen bestreuen.

FÜR DEN SALAT:
1 Chinakohl
1–2 EL Erdnussöl
feines Salz
4–6 Pflaumen
1 kleine Baby-Ananas

FÜR DIE VINAIGRETTE:
2 Passionsfrüchte
2 Knoblauchzehen
50 g Ingwer
2 rote Chilischoten
1–2 EL brauner Zucker
5–6 EL Erdnussöl
feines Salz
Chili aus der Mühle
3–4 EL gesalzene Cashewkerne
(nach Belieben geröstet)

»Die genannten Grillzeiten gelten nur ungefähr, denn die Hitze auf dem Grill variiert je nach Gerät und Außentemperatur.«

4 Portionen   auf Sicht

KARTOFFELSALAT

mit Frühlingszwiebeln

800 g vorgegarte
festkochende Drillinge
(z.B. Bamberger Hörnchen, La Ratte)
1 Bund Frühlingszwiebeln
2 Schalotten
1 EL Olivenöl
1 EL grober Dijon-Senf
50 ml Gemüsefond
Saft von 1 Zitrone
100 ml Pflanzenöl
feines Salz | Cayennepfeffer

1 Den Grill für direkte mittlere Hitze vorbereiten. Kartoffeln pellen und in Scheiben schneiden. Die Frühlingszwiebeln putzen, waschen und schräg in Ringe schneiden. Die Schalotten schälen und würfeln. Das Öl in einer Alu-Grillschale erhitzen und die Schalotten darin mit geschlossenem Deckel bei direkter Hitze (ca. 180 °C) braun grillen.

2 Für die Vinaigrette Senf, Fond und Zitronensaft verrühren. Das Öl erst tröpfchenweise, dann im dünnen Strahl unter Rühren dazugeben. Mit Salz und Cayenne würzen und mit Kartoffeln, Frühlingszwiebeln und Schalotten mischen.

TIPP

Wer will, schneidet noch 8 Scheiben Frühstücksspeck in Würfel und brät sie mit den Schalotten an (ohne zusätzliches Öl). Auch frisch geschnittene Petersilie macht sich gut im Kartoffelsalat.

4 Portionen | auf Sicht | Alu-Grillschale

ANANASSALAT

mit Kirschtomaten und Ciabatta

FÜR DAS CIABATTA:
½ Ciabattabrot
2 lila Zwiebeln
2 junge Knoblauchzehen
je 2 Rosmarin- und Thymianzweige
4–5 EL Olivenöl
feines Salz | Pfeffer aus der Mühle

FÜR DEN SALAT:
1 kleine Ananas
250 g Kirschtomaten
2 Romanasalatherzen
½ Bund Basilikum
1–2 EL weißer Balsamico
1 TL Honig
2–3 EL Erdnussöl
feines Salz
schwarzer Pfeffer aus der Mühle
1 Kästchen Shiso-Kresse

1 Den Grill für direkte starke Hitze vorbereiten. Für das Ciabatta das Brot würfeln. Zwiebeln und Knoblauch schälen und in Spalten scheiden. Rosmarin und Thymian waschen, trocken schütteln und die Blätter abzupfen.

2 Das Öl in einer Alu-Grillschale offen bei direkter Hitze (200–230 °C) erhitzen und Zwiebel und Knoblauch darin 2–3 Minuten andünsten. Die Ciabattawürfel dazugeben und knusprig braten. Vom Grill nehmen, die Kräuter hinzufügen und die Brotwürfel mit Salz und Pfeffer würzen.

3 Für den Salat die Ananas schälen und vierteln, entstrunken und in Stücke schneiden. Tomaten waschen und halbieren. Salatherzen putzen und waschen, trocken schleudern und Blätter grob zerzupfen. Basilikum waschen, trocken schütteln und die Blätter abzupfen.

4 Essig, Honig und Öl verrühren und mit Salz und Pfeffer würzen. Ciabattawürfel mit Ananas, Tomaten, Salat, Basilikum und Vinaigrette mischen. Den Salat vor dem Servieren nochmals abschmecken und mit der Kresse bestreuen.

»Richtig bunt sieht der Ananassalat aus, wenn Sie verschiedenfarbige Kirschtomaten nehmen.«

4 Portionen | 5–8 Minuten | Alu-Grillschale

KOPFSALATHERZEN

mit Sauerrahmdressing

FÜR DEN SALAT:
2 Kopfsalate
½ Ciabattabrot
1 Rosmarinzweig
2 Knoblauchzehen
50 ml Olivenöl | feines Salz
schwarzer Pfeffer aus der Mühle

FÜR DAS DRESSING:
1 Bund Schnittlauch
100 g saure Sahne
100 g Crème fraîche
1–2 EL Honig
Saft von 1 Zitrone | feines Salz
schwarzer Pfeffer und Chili
aus der Mühle

1 Den Grill für direkte mittlere Hitze vorbereiten. Für den Salat die Kopfsalate putzen, waschen und trocken schleudern, dabei nur die hellen Blätter verwenden (Rest anderweitig nutzen). Das Brot würfeln. Rosmarin waschen, trocken schütteln und die Nadeln abzupfen. Knoblauch andrücken.

2 Das Öl in einer Alu-Grillschale erhitzen und die Brotwürfel darin mit geschlossenem Deckel bei direkter Hitze (ca. 180 °C) knusprig backen. Rosmarin und Knoblauch dazugeben und mitgrillen. Die Brotwürfel auf Küchenpapier abtropfen lassen, dann salzen und pfeffern.

3 Für das Dressing den Schnittlauch waschen und trocken schütteln, in Röllchen schneiden. Alle Zutaten für das Dressing verrühren und mit den Salatblättern mischen. Den Salat mit Brotwürfeln bestreut servieren.

4 Portionen | auf Sicht | Alu-Grillschale

COLE SLAW

mit gegrillten Mini-Maiskolben

1 Für den Cole Slaw den Weißkohl putzen, vierteln und entstrunken. Die Viertel in feine Streifen schneiden oder hobeln. Möhren schälen, Frühlingszwiebeln putzen und waschen, beides in Streifen schneiden. Den Kohl mit wenig Salz, etwas Zucker und Limettensaft kräftig durchkneten.

2 Für die Mayonnaise den Knoblauch schälen. Das Ei mit Senf, 50 ml Wasser, Knoblauch und Honig pürieren. Das Öl zunächst tröpfchenweise, dann in einem dünnen Strahl unter ständigem Rühren dazugeben und alles zu einer dickcremigen Mayonnaise aufschlagen. Die Mayonnaise mit Limettensaft, Salz und Cayenne würzen und mit marinierten Kohlstreifen, Möhren und Frühlingszwiebeln mischen.

3 Grill für direkte mittlere Hitze vorbereiten. Grillrost fetten, den Mais salzen und offen bei direkter Hitze (160–180 °C) grillen, bis ein Muster entsteht. Mit Cole Slaw servieren.

FÜR DEN COLE SLAW:
1 kleiner Weißkohl (max. 800 g)
2 Möhren
4 Frühlingszwiebeln
feines Salz | Zucker
Saft von 1 Limette

FÜR DIE MAYONNAISE:
2 junge Knoblauchzehen
1 Ei | 1 TL Dijon-Senf
1 EL Honig | 200 ml Pflanzenöl
Saft von 1 Limette
feines Salz | Cayennepfeffer

FÜR DIE MAISKOLBEN:
8–12 Mini-Maiskolben | feines Salz
Pflanzenöl für den Grillrost

4 Portionen   auf Sicht

M. Weyer

SUPPE VON DREIERLEI KÜRBISSEN

mit gegrillter Paprika

FÜR DIE SUPPE:
500 g Muskatkürbis
500 g Butternusskürbis
½ kleiner Hokkaido-Kürbis (ca. 500 g)
3 Schalotten
100 g Ingwer
2 rote Chilischoten
1–2 EL Butter
2 EL fruchtiges Currypulver
100 ml Weißwein
1 l Gemüsefond
2 Frühlingszwiebeln
200 g Sahne
feines Salz
Chili aus der Mühle
2 Kästchen Shiso-Kresse

FÜR DIE PAPRIKA:
2 rote Paprikaschoten
Pflanzenöl

1 Grill für direkte mittlere Hitze vorbereiten. Den Gusseisentopf mit geschlossenem Deckel auf dem Grill kurz vorheizen.

2 Für die Suppe Muskat- und Butternusskürbis schälen, entkernen und in kleine Würfel schneiden. Hokkaido-Kürbis waschen, entkernen und ebenfalls würfeln. Schalotten und Ingwer schälen und würfeln. Chili halbieren und entkernen, waschen und ebenfalls würfeln.

3 Die Butter im gusseisernen Topf zerlassen und Schalotten, Ingwer und Chili darin offen bei direkter Hitze anbraten. Kürbis dazugeben, mitgaren und mit Curry bestäuben. Mit Wein ablöschen und Fond aufgießen. Dann den Kürbis mit geschlossenem Deckel bei direkter Hitze (ca. 180 °C) in 10–15 Minuten weich garen.

4 Die Paprika häuten: Dafür die Schoten waschen und trocken tupfen, rundum mit Öl bestreichen und auf dem Grill offen bei direkter Hitze schwarz grillen. In eine Schüssel geben und mit Frischhaltefolie abdecken. 10–15 Minuten schwitzen lassen, dann die Haut abziehen. Paprika vierteln, entkernen und in Rauten schneiden.

5 Frühlingszwiebeln putzen, waschen und schräg in Stücke schneiden. Die Suppe zum Servieren mit Sahne aufgießen und mit Salz und Chili würzen. Paprikarauten in die Suppe geben. Die Suppe in Schälchen oder Suppentassen füllen, zum Servieren mit Frühlingszwiebeln und Kresse garnieren.

4–6 Portionen | 15–20 Minuten (Suppe) | auf Sicht (Paprika) | gusseiserner Topf

ANTIPASTI VOM GRILL

mit Aioli

FÜR DIE ANTIPASTI:
je 1 grüner und gelber Zucchino
1 Aubergine
je 1 rote und gelbe Paprikaschote
100 g Kirschtomaten
100 g Austernpilze
2 junge Knoblauchzehen
je 2 Thymian- und Rosmarinzweige
feines Salz | 80 ml Olivenöl
schwarzer Pfeffer aus der Mühle
abgeriebene Schale und Saft
von 1 unbehandelten Zitrone
Pflanzenöl für den Grillrost

FÜR DIE AIOLI:
4 junge Knoblauchzehen
2 Eigelb | 1 TL feiner Dijon-Senf
Saft von ½ Zitrone
feines Salz
Chili aus der Mühle
200 ml Pflanzenöl

1 Grill mit geschlossenem Deckel für direkte starke Hitze vorbereiten. Für die Antipasti Zucchini und Aubergine putzen, waschen und in 1 cm dicke Scheiben schneiden. Paprika vierteln und entkernen, waschen und, falls nötig, schälen.

2 Die Tomaten waschen. Die Pilze putzen, trocken abreiben und grob zerteilen. Den Knoblauch schälen und vierteln. Thymian und Rosmarin waschen, trocken schütteln und die Blätter abzupfen. Sämtliches vorbereitete Gemüse mit Salz und wenig Olivenöl mischen.

3 Den Grillrost fetten und das Gemüse offen bei direkter Hitze (200–230 °C) von beiden Seiten grillen, bis ein Muster entsteht. Dabei mit Pfeffer würzen. Sobald das Gemüse fertig ist, in eine große Schüssel geben und abschmecken. Zuletzt alles mit restlichem Olivenöl, Knoblauch, Zitronenschale und -saft sowie Kräutern mischen und das Gemüse darin bis zum Servieren marinieren.

4 Für die Aioli den Knoblauch schälen und fein schneiden. Die Eigelbe mit Senf, Zitronensaft und Knoblauch pürieren und mit Salz und Chili würzen. Das Öl zunächst tröpfchenweise, dann in einem dünnen Strahl unter ständigem Rühren dazugeben und alles zu einer dickcremigen Aioli aufschlagen. Die Aioli zum Antipasti-Gemüse servieren.

TIPP

Wenn Sie Gemüsestücke auf dem Grill braten möchten, am besten nicht in zu kleine Stücke schneiden. Sonst fallen sie durch den Grillrost. Alternativ die Gemüsestücke in eine Alu-Grillschale legen.

4 Portionen | auf Sicht | ggf. Alu-Grillschale

GARNELENSPIESSE

mit Aprikosen und Kräuterseitlingen

8 Garnelen (ausgebrochen und geputzt)
4–6 Aprikosen
4–6 Kräuterseitlinge
50 g gemischte Wildkräuter (z.B. Sauerampfer, Bronzefenchel, Baby-Spinat, Bärenklau)
feines Salz
schwarzer Pfeffer aus der Mühle
4 Metallspieße
Pflanzenöl für den Grillrost

1 Die Garnelen kalt waschen und trocken tupfen. Die Aprikosen waschen und halbieren, die Kerne entfernen und die Hälften je nach Größe nochmals halbieren. Die Pilze putzen, trocken abreiben und halbieren.

2 Die Garnelen abwechselnd mit den Aprikosenstücken und den Pilzen auf die Spieße stecken. Die Wildkräuter waschen und trocken schütteln. Die Blätter bei Bedarf abzupfen oder grob schneiden.

3 Den Grill für indirekte mittlere Hitze vorbereiten. Den Grillrost fetten und die Garnelenspieße offen bei indirekter Hitze (160–180 °C) 4–5 Minuten von jeder Seite grillen, bis ein Muster entsteht.

4 Die Spieße vom Grill nehmen, mit Salz und Pfeffer würzen und mit den Wildkräutern garniert servieren. Nach Belieben eine Chili-Vinaigrette (siehe S. 50) dazu reichen.

TIPP

Die fruchtigen Garnelenspieße harmonieren hervorragend mit den würzigen Wildkräutern. Bei Bärenklau immer nur die jungen Blätter und Triebe verwenden. Falls Sie keinen Bärenklau erhalten, können Sie stattdessen auch Petersilie verwenden.

4 Portionen · 4–5 Minuten

GEFLÜGELSPIESSE

auf Zitronengras mit gegrilltem Obstsalat

FÜR DIE SPIESSE:
1 Schalotte | 2 junge Knoblauchzehen
50 g Ingwer | 1 rote Chilischote
200 g Geflügelhackfleisch
½ Brötchen (gewürfelt und in Milch eingeweicht)
1–2 EL Sojasauce | 1 Ei
1 Msp. fruchtiges Currypulver
2 EL Semmelbrösel
feines Salz | Chili aus der Mühle
4 Zitronengrasstiele
Pflanzenöl für den Grillrost

FÜR DEN OBSTSALAT:
1 Baby-Ananas | 1 Mango
2 Pfirsiche
½ kleine Wassermelone (800 g–1 kg, ohne Kerne)
abgeriebene Schale und Saft von 2 unbehandelten Limetten
1 EL brauner Zucker | 50 g feiner Rucola

FÜR DIE VINAIGRETTE:
50 g Ingwer | 1–2 Schalotten
1 rote Chilischote
2 EL geröstete Erdnüsse
2–3 EL Erdnussöl
1–2 EL weißer Balsamico
feines Salz | Chili aus der Mühle

1 Den Grill für direkte/indirekte mittlere Hitze vorbereiten. Für die Spieße Schalotte, Knoblauch und Ingwer schälen und fein würfeln. Die Chili halbieren und entkernen, waschen und ebenfalls würfeln. Alle Zutaten für die Geflügelmasse mischen und mit Salz und Chili würzen. Mit angefeuchteten Händen aus der Masse 4 Röllchen formen und jeweils vorsichtig um 1 Zitronengrasstiel drücken.

2 Den Grillrost fetten und die Spieße mit geschlossenem Deckel bei indirekter Hitze (160–180 °C) 6–8 Minuten grillen. Die Hitze erhöhen und auf direkte Hitze wechseln. Den Rost erneut fetten und die Spieße mit geschlossenem Deckel bei direkter Hitze (ca. 200 °C) in 6–8 Minuten rundum grillen.

3 Für den Salat Ananas schälen und halbieren, entstrunken und in Scheiben schneiden. Die Mango schälen und in Streifen vom Kern schneiden. Die Pfirsiche waschen, halbieren und entkernen. Die Melone ggf. schälen und in Scheiben schneiden. Limettenschale und -saft mit Zucker verrühren und das Obst damit bestreichen. Den Grillrost fetten und das Obst offen bei direkter Hitze grillen, bis ein Muster entsteht. Vom Grill nehmen und mundgerecht würfeln. Den Rucola verlesen, waschen und trocken schütteln.

4 Für die Vinaigrette Ingwer und Schalotten schälen und würfeln. Chili halbieren und entkernen, waschen und würfeln. Ingwer, Schalotten, Chiliwürfel, Nüsse, Öl und Essig verrühren, mit Salz und Chili würzen. Vinaigrette mit Rucola und gegrilltem Obst mischen. Die Geflügelspieße dazu reichen.

4 Portionen | 12–16 Minuten (Spieße) | auf Sicht (Obst)

weber
weber

FILETSPIESSE

mit Rote-Bete-Apfel-Salat und Macadamia-Vinaigrette

1 Grill für indirekte mittlere bis starke Hitze vorbereiten. Für den Salat Roten Beten waschen und rundum mit dem Zahnstocher mehrmals einstechen. Mit geschlossenem Deckel bei indirekter Hitze (180–200 °C) in 1–1 ½ Stunden weich garen.

2 Für die Spieße das Filet von Fett und Sehnen befreien und in walnussgroße Stücke schneiden. Die Zwiebeln schälen und vierteln. Die Knoblauchknolle ebenfalls vierteln. Pilze putzen, trocken abreiben und halbieren. Abwechselnd Fleisch, Zwiebeln, Knoblauch und Pilze auf die Spieße stecken. Erdnussöl, Sojasauce und wenig Salz verrühren und die Spieße darin zugedeckt bei Zimmertemperatur mind. 30 Minuten marinieren (am besten über Nacht im Kühlschrank).

3 Die Äpfel waschen, entkernen und in Spalten schneiden. Zitronensaft und Honig verrühren und die Äpfel damit mischen. Feldsalat putzen, waschen und trocken schleudern. Für die Vinaigrette Honig, Essig, Fond und Öl verrühren, salzen und pfeffern. Nüsse hacken und dazugeben.

4 Die Spieße aus der Marinade nehmen und trocken tupfen. Grillrost fetten und die Spieße mit geschlossenem Deckel bei indirekter Hitze (180–200 °C) 8–10 Minuten grillen, dabei ab und zu wenden. Mit Pfeffer würzen und ohne Hitze noch etwa 5 Minuten ruhen lassen.

5 Die gegarten Roten Beten schälen (dazu am besten Einmalhandschuhe verwenden). In Spalten schneiden, mit Äpfeln und Feldsalat mischen und zum Schluss die Vinaigrette unterheben. Den Salat mit den Spießen servieren.

FÜR DEN SALAT:
3–4 Rote Beten
2–3 Äpfel
Saft von 1 Zitrone | 2 EL Honig
100 g Feldsalat
1 Zahnstocher

FÜR DIE SPIESSE:
600 g Rinderfilet
2 lila Zwiebeln
1 junge Knoblauchknolle
8 kleine Pilze (nach Saison, z.B. Steinpilze, Champignons, Shiitake-Pilze, Kräuterseitlinge)
2–3 EL Erdnussöl
1–2 EL Sojasauce | feines Salz
schwarzer Pfeffer aus der Mühle
4 große Metallspieße
Pflanzenöl für den Grillrost

FÜR DIE VINAIGRETTE:
2 EL Honig
3–4 EL weißer Balsamico
50 ml Gemüsefond
70 ml Öl | feines Salz
schwarzer Pfeffer aus der Mühle
50 g geröstete Macadamia-Nüsse

4 Portionen | 1–1 ½ Stunden (Rote Beten) | 8–10 Minuten (Spieße)

weber

Als Beilage
oder auch mal pur:

GEMÜSE

GEFÜLLTE SPITZPAPRIKA

mit Hähnchen und Ziegenkäse

FÜR DIE SPITZPAPRIKA:
3–4 gelbe und rote Spitzpaprikaschoten
150 g Ziegenkäse
2–3 grüne Jalapeño-Paprikaschoten
Pflanzenöl für den Grillrost

FÜR DIE FÜLLUNG:
300 g Maishähnchenbrustfilet (ohne Haut und Knochen)
2 Schalotten
2 Knoblauchzehen
2 Thymianzweige | 1 Ei
abgeriebene Zesten von 2–3 unbehandelten Zitrusfrüchten (z.B. Orange, Zitrone, Limette)
2 EL rote Thai-Currypaste (aus dem Asia-Laden)
1–2 EL Zitrusfrucht-Likör (z.B. Likör 43)
Cayennepfeffer | feines Salz
schwarzer Pfeffer aus der Mühle

1 Die Paprikaschoten halbieren und entkernen, die Hälften waschen. Den Ziegenkäse in Würfel schneiden. Den Stielansatz der Jalapeños jeweils abschneiden, die Jalapeños entkernen, waschen und quer in Ringe schneiden.

2 Den Grill für indirekte mittlere bis starke Hitze vorbereiten. Für die Füllung das Hähnchenfilet kalt waschen und trocken tupfen. Dann mit einem scharfen Messer fein würfeln oder mit einem Fleischwolf zu frischem Hackfleisch verarbeiten (ggf. vom Metzger vorbereiten lassen).

3 Schalotten und Knoblauch schälen und würfeln. Thymian waschen, trocken schütteln und die Blätter abzupfen. Das Hackfleisch mit Schalotten, Knoblauch, Thymian, Ei, Zitruszesten, Thai-Currypaste und Likör zu einer Füllung verkneten und mit Cayenne, Salz und Pfeffer würzen.

4 Die Paprikahälften mit der Hähnchenmasse füllen und mit Käsewürfeln sowie Jalapeño-Ringen belegen. Den Grillrost fetten und die Spitzpaprika mit geschlossenem Deckel bei indirekter Hitze (180–200 °C) 10–15 Minuten grillen.

TIPP

Das Grillen mit Deckel schafft ein geschlossenes Wärmesystem. Die Wärme bleibt nicht auf Unterhitze beschränkt, sondern erzeugt eine Art Ober-/Unterhitze sowie eine insgesamt hohe Raumtemperatur.

4 Portionen | 10–15 Minuten

EINGELEGTE MAISKOLBEN

in der Zitronen-Zimt-Brine

FÜR DIE BRINE:
100 g grobes Salz
100 g brauner Zucker
3–4 Ceylon-Zimtstangen
Saft von 3 Zitronen

FÜR DEN MAIS:
6–8 Maiskolben
50 g Butter
feines Salz
Cayennepfeffer
6–8 Metallspieße

1 Am Vortag für die Brine Salz, Zucker, Zimt und Zitronensaft in 2 l Wasser einmal aufkochen. Mais putzen, waschen und in der Brine zugedeckt über Nacht marinieren. (Wenn es schnell gehen soll, alle Zutaten für die Brine samt Maiskolben ohne Marinieren direkt in den Dutch Oven geben.)

2 Am nächsten Tag Grill für direkte starke Hitze vorbereiten. Die Maiskolben mit der Brine in den Dutch Oven geben und diesen auf den Grill stellen. Den Dutch Oven verschließen und beim Holzkohlegrill einzelne Briketts darauflegen. Die Maiskolben mit geschlossenem Deckel bei direkter Hitze (200–230 °C) in 25–30 Minuten weich garen.

3 Maiskolben herausnehmen, jeweils auf 1 Metallspieß stecken und offen bei direkter Hitze in wenigen Minuten goldbraun grillen. Zum Servieren mit Butter bestreichen und mit Salz und Cayenne würzen. Die Brine nicht weiterverwenden.

4 Portionen | 30–35 Minuten | Dutch Oven

RATATOUILLE VOM SPIESS

mit Tomatenvinaigrette

FÜR DIE SPIESSE:
je 1 kleiner gelber und grüner Zucchino
1 kleine Aubergine
1 rote Paprikaschote
250 g bunte Kirschtomaten
4 junge Knoblauchzehen
4 Thymianzweige | 2 Rosmarinzweige
80 ml Olivenöl | feines Salz
schwarzer Pfeffer aus der Mühle
Pflanzenöl für den Grillrost
8 Metallspieße

FÜR DIE VINAIGRETTE:
2 Schalotten
100 g getrocknete, in Öl eingelegte Tomaten
1 Strauchtomate
50 g schwarze Oliven
75 ml Tomateneinlegeöl
1 EL Honig | Saft von 1 Zitrone
feines Salz | Chili aus der Mühle
1 Bund fein geschnittene Kräuter (z.B. Petersilie, Schnittlauch, Kerbel)

1 Den Grill für direkte/indirekte starke Hitze vorbereiten. Für die Spieße Zucchini und Aubergine putzen, waschen und in große Stücke schneiden. Paprika vierteln, entkernen und waschen. Die Viertel nach Belieben schälen, dann in Stücke schneiden. Tomaten waschen. Zucchini, Aubergine, Paprika und Tomaten abwechselnd auf die Spieße stecken.

2 Den Knoblauch schälen und fein würfeln. Thymian und Rosmarin waschen und trocken schütteln, die Blätter abzupfen und mit Knoblauch und Öl mischen. Das Würzöl salzen und pfeffern und die Spieße damit bestreichen.

3 Den Grillrost fetten und die Spieße offen bei direkter Hitze 2–3 Minuten grillen, bis ein Muster entsteht. Dann salzen und pfeffern. Auf indirekte Hitze wechseln und die Spieße mit geschlossenem Deckel bei indirekter Hitze (ca. 200 °C) in 5–6 Minuten fertig grillen.

4 Für die Vinaigrette Schalotten schälen und fein würfeln. Getrocknete Tomaten abtropfen lassen und würfeln. Strauchtomate schälen, entkernen und würfeln. Oliven halbieren.

5 Das Tomateneinlegeöl mit Honig und Zitronensaft verrühren und Schalotten, beide Tomatensorten und Oliven dazugeben. Die Vinaigrette mit Salz und Chili würzen und mit Kräutern bestreuen. Zu den Spießen reichen.

4 Portionen | 7–9 Minuten

DRILLINGE IM SPECK

mit Rosmarin und Chili-Knoblauch-Öl

FÜR DAS ÖL:
4 Chilischoten
4 Knoblauchzehen
Saft von 1 Limette
feines Salz | 100 ml Olivenöl

FÜR DIE KARTOFFELN:
200 g Frühstückspeck (in Scheiben)
1 Bund Rosmarin
400 g vorgegarte festkochende Drillinge (z.B. Bamberger Hörnchen oder La Ratte)
feines Salz
schwarzer Pfeffer aus der Mühle
Pflanzenöl für den Grillrost

1 Für das Öl die Chili halbieren und entkernen, waschen und fein würfeln. Den Knoblauch schälen und ebenfalls in feine Würfel schneiden. Chili, Knoblauch und Limettensaft mischen und salzen. Zuletzt das Öl einrühren.

2 Den Grill für indirekte mittlere Hitze vorbereiten. Die Speckscheiben längs halbieren. Die unteren Nadeln der Rosmarinzweige abzupfen. Die Kartoffeln jeweils in 1 Speckscheibe einwickeln und mit 1 Rosmarinzweig fixieren.

3 Den Grillrost fetten und die Kartoffeln mit geschlossenem Deckel bei indirekter Hitze (ca. 180 °C) in 15–20 Minuten knusprig grillen. Mit Salz und Pfeffer würzen und nach Belieben mit den übrigen Rosmarinnadeln bestreuen. Die Drillinge mit dem Chili-Knoblauch-Öl servieren.

4 Portionen | 15–20 Minuten

GEMÜSE-KOKOS-CURRY

1 Den Grill für direkte mittlere bis starke Hitze vorbereiten. Den gusseisernen Wok mit geschlossenem Deckel auf dem Grill kurz vorheizen.

2 Zwiebeln und Knoblauch schälen und in Spalten schneiden. Den Ingwer schälen und würfeln. Die Chili halbieren und entkernen, waschen und in Streifen schneiden. Die Paprika vierteln und entkernen. Die Viertel waschen, nach Belieben schälen und ebenfalls in Streifen schneiden.

3 Die Zuckerschoten waschen und schräg halbieren. Spargel waschen und schräg in Stücke schneiden, untere Enden entfernen. Mais abtropfen lassen und längs halbieren. Sprossen in einem Sieb abbrausen und abtropfen lassen.

4 Das Öl in den Wok geben und Zwiebeln, Knoblauch, Ingwer und Chili darin bei direkter Hitze (180–230 °C) 2–3 Minuten anbraten. Paprika, Zuckerschoten, Spargel, Mais, Sprossen und Paste dazugeben, 4–5 Minuten mitbraten und mit Fond ablöschen. Mit Kokosmilch aufgießen, alles aufkochen und mit Honig, Salz und Chili würzen. Dabei Deckel geschlossen halten. Kräuter waschen, trocken schütteln und Blätter abzupfen. Das Curry mit Kräutern bestreut servieren.

2 lila Zwiebeln
1 Knoblauchzehe
50 g Ingwer
2 rote Chilischoten
je 1 rote und gelbe Paprikaschote
100 g Zuckerschoten
200 g grüner Thai-Spargel
1 Glas eingelegte Mini-Maiskolben (370 ml)
100 g Sojasprossen
4–6 EL Erdnussöl
1–2 EL grüne Thai-Currypaste (aus dem Asia-Laden)
200 ml Gemüsefond
400 ml Kokosmilch
1–2 EL Honig
feines Salz
Chili aus der Mühle
25 g gemischte Kräuter (z. B. Thai-Basilikum, Sauerampfer, Koriander)

TIPP

Mit einem Wok können Sie auf dem Grill unter freiem Himmel pfannenrühren – wie in den typischen Garküchen Thailands. Es gibt spezielle Grill-Woks, die in eine Öffnung des Rosts eingesetzt werden und dadurch direkt über der Glut hängen.

4 Portionen · 10–15 Minuten · gusseiserner Wok

SHIITAKE-PILZE

mit gegrilltem Pak-Choi

400 g Shiitake-Pilze
2–3 EL Erdnussöl
400 g Pak-Choi
2 Knoblauchzehen
50 g Ingwer
2 rote Chilischoten
Saft von 1 Limette
2–3 EL Sojasauce
2–3 EL ungeröstetes Sesamöl
brauner Zucker
feines Salz
schwarzer Pfeffer aus der Mühle
100 g gemischte Nüsse
(z.B. Cashewkerne, Macadamia- oder Erdnüsse)

1 Die Pilze nach Bedarf putzen, trocken abreiben und mit Erdnussöl mischen. Grill für direkte mittlere Hitze vorbereiten. Pak-Choi putzen, waschen und jeweils halbieren. Knoblauch und Ingwer schälen und würfeln. Chili halbieren und entkernen, waschen und ebenfalls würfeln.

2 Knoblauch, Ingwer, Chili, Limettensaft, Sojasauce, Sesamöl und Zucker mischen und mit Salz und Pfeffer würzen. Die Marinade über den Pak-Choi geben. Die Nüsse in einer Alu-Grillschale ohne Fett mit geschlossenem Deckel bei direkter Hitze (ca. 180 °C) goldbraun rösten.

3 Pilze und Pak Choi mit geschlossenem Deckel bei direkter Hitze (160–180 °C) in 6–8 Minuten braun grillen. Pilze salzen und pfeffern und mit Pak-Choi und Nüssen servieren.

4 Portionen | auf Sicht (Nüsse) | 6–8 Minuten (Gemüse) | Alu-Grillschale

weber

VEGETARISCHE PAELLA

vom Grill

1 lila Zwiebel
2 junge Knoblauchzehen
1 rote Paprikaschote
100 g Zuckerschoten
200 g Kräuterseitlinge
150 g Mini-Maiskolben
200 g Erbsenschoten
1 Bund Thai-Basilikum
5–6 EL Olivenöl
feines Salz
250 g Paella-Reis
1 Msp. Safranfäden
1 TL Paprikapulver edelsüß
600 ml Gemüsefond
100 g passierte Tomaten
Cayennepfeffer

1 Den Grill für indirekte mittlere bis starke Hitze vorbereiten. Die gusseiserne Pfanne mit geschlossenem Deckel auf dem Grill kurz vorheizen.

2 Zwiebel und Knoblauch schälen und fein würfeln. Paprika vierteln und entkernen, waschen und würfeln. Zuckerschoten waschen und schräg halbieren. Die Pilze putzen, trocken abreiben und vierteln. Mais vierteln. Erbsenschoten waschen und zum Teil ausbrechen. Thai-Basilikum waschen, trocken schütteln und die Blätter abzupfen.

3 Das Öl in der Pfanne erhitzen und alle vorbereiteten Zutaten darin offen bei indirekter Hitze (180–200 °C) nach und nach anbraten, wieder herausnehmen und salzen. Reis, Safran und Paprikapulver in die Pfanne geben und andünsten. Dann immer wieder mit Fond aufgießen, bis dieser aufgebraucht ist. Dazwischen den Deckel geschlossen halten.

4 Nach etwa 15 Minuten passierte Tomaten und vorgegartes Gemüse hinzufügen und alles noch 5–10 Minuten mitgaren. Sobald der Fond eingekocht ist, die Paella mit Cayenne abschmecken und mit Thai-Basilikum garniert servieren.

TIPP

Geraspelter oder in kleine Würfel geschnittener Käse eignet sich für viele Grillgerichte als Topping. Auch über die vegetarische Paella können Sie nach Belieben noch geriebenen Käse streuen – am besten kurz vor dem Servieren!

4 Portionen | 25–30 Minuten | gusseiserne Pfanne

TOFU IM BANANENBLATT

1 Den Grill für direkte/indirekte mittlere Hitze vorbereiten. Für den Tofu Knoblauch und Ingwer schälen und würfeln. Chili halbieren und entkernen, waschen und würfeln. Tofu in 4 Rechtecke schneiden. Knoblauch, Ingwer, Chili, Sojasauce und Öl mischen und über den Tofu gießen. Zugedeckt bei Zimmertemperatur mind. 30 Minuten marinieren.

2 Inzwischen Bananenblätter auf dem Grill offen bei direkter Hitze von beiden Seite kurz angrillen, sodass sie elastisch werden und nicht mehr reißen. Weißen Spargel ganz, grünen nur im unteren Drittel schälen, die Enden jeweils 2–3 cm kürzen. (Sollte der Spargel zu lang sein, Stangen halbieren.) Tomaten waschen und halbieren. Käse grob reiben.

3 Je 3 Stangen weißen und grünen Spargel auf 1 Bananenblatt setzen, 1 Tofu darauflegen, mit Tomaten und Käse bestreuen, salzen. Blätter zusammenklappen, mit je 3 Zahnstochern fixieren. Mit geschlossenem Deckel bei indirekter Hitze (ca. 180 °C) 8–10 Minuten grillen. Mit Basilikum servieren.

FÜR DEN TOFU:
2 Knoblauchzehen | 50 g Ingwer
2 rote Chilischoten
150 g Tofu natur
2–3 EL Sojasauce
2–3 EL Erdnussöl
4 Bananenblätter
(aus dem Asia-Laden)

AUSSERDEM:
je 8–12 Stangen weißer
und grüner Spargel
100 g Kirschtomaten
100 g Cheddar (am Stück)
feines Salz | 4 Basilikumstiele
12 Zahnstocher (mind. 30 Minuten
gewässert)

4 Portionen — 8–10 Minuten

CHUCK WAGON BEANS

1 kg getrocknete weiße Bohnen
2 Gemüsezwiebeln
8 junge Knoblauchzehen
4 rote Chilischoten
200 g Frühstückspeck (in Scheiben)
100 g getrocknete Tomaten
je 4 Thymian- und Rosmarinzweige
50 g Butter
1 EL Paprikapulver rosenscharf
1 TL Cayennepfeffer
1 TL Currypulver
1½ l Gemüsefond
500 ml Tomatensaft
1 kg geschälte Tomaten
(aus der Dose, samt Tomatensaft)
150 ml Ahornsirup
feines Salz
50 g gemischte Kräuter (z.B. Blattpetersilie, Thymian, Schnittlauch)

1 Am Vorabend die Bohnen in reichlich Wasser einweichen. Am nächsten Tag den Grill für direkte mittlere bis starke Hitze vorbereiten. Dutch Oven auf dem Grill kurz vorheizen.

2 Zwiebeln und Knoblauch schälen und würfeln. Die Chili halbieren und entkernen, waschen und grob schneiden. Speck und getrocknete Tomaten ebenfalls würfeln. Die Kräuter waschen, trocken schütteln und die Blätter abzupfen.

3 Die Butter im Dutch Oven zerlassen und Zwiebeln, Knoblauch, Chili und Speck darin offen bei direkter Hitze kräftig anbraten. Dann Bohnen abgießen und mit getrockneten Tomaten und Kräutern dazugeben. Alles mit Paprika, Cayenne und Curry würzen und mit Fond ablöschen. Tomatensaft und Tomaten (samt Saft) dazugeben. Zuletzt den Eintopf mit Ahornsirup und Salz würzen.

4 Den Dutch Oven verschließen und beim Holzkohlegrill einzelne Briketts darauflegen. Die Bohnen mit geschlossenem Deckel bei direkter Hitze (180–230 °C) in 35–40 Minuten weich garen, dabei ab und zu umrühren. Inzwischen die Kräuter waschen, trocken schütteln und schneiden. Zum Servieren die Chuck Wagon Beans mit Kräutern bestreuen.

TIPP

Der Dutch Oven ist ein gusseiserner Topf, manchmal mit drei Füßen für den guten Stand in der Glut. Der Deckel ist flach, schließt dicht und besitzt einen niedrigen Rand. Der Dutch Oven gehörte ursprünglich zur Basisausstattung jedes Chuck Wagons (Planwagens) der Siedler in Amerika.

10–12 Portionen | 40–45 Minuten | Dutch Oven

KÜRBISRASPEL

mit fruchtigem Currypulver

1 Hokkaido-Kürbis (600–800 g)
1 Gemüsezwiebel
50 g Ingwer
1 rote Chilischote
25 g Butter
Saft von 1 Zitrone
25 g Akazienhonig
feines Salz
Chili aus der Mühle
1 Msp. Paprikapulver edelsüß
1 TL fruchtiges Currypulver
150 g Sahne
1 Bund Schnittlauch

1 Den Grill für direkte mittlere bis starke Hitze vorbereiten. Die gusseiserne Pfanne mit geschlossenem Deckel auf dem Grill kurz vorheizen.

2 Den Kürbis putzen, waschen und halbieren. Die Kerne mit einem Löffel herauskratzen und das Fruchtfleisch grob raspeln. Zwiebel und Ingwer schälen und fein würfeln. Die Chili halbieren und entkernen, waschen und ebenfalls in feine Würfel schneiden.

3 Die Butter in der Pfanne zerlassen und Zwiebel, Ingwer und Chili darin offen bei direkter Hitze (ca. 200 °C) anbraten. Die Kürbisraspel dazugeben, mit anbraten und mit Zitronensaft und Honig abschmecken. Alles mit Salz, Chili, Paprika- und Currypulver würzen und zuletzt mit Sahne aufgießen.

4 Die Kürbisraspel mit geschlossenem Deckel bei direkter Hitze (ca. 180 °C) in 5–6 Minuten fertig grillen. Schnittlauch waschen, trocken schütteln und in feine Röllchen schneiden. Zum Servieren Schnittlauch über die Kürbisraspel streuen.

»Grillgeschirr und Töpfe aus Gusseisen nehmen die Wärme langsam auf und geben sie gleichmäßig wieder ab.«

4 Portionen | 10–12 Minuten | gusseiserne Pfanne

weber
weber

PAPRIKA-POLENTA

je 1 grüne, gelbe und rote Paprika- oder Spitzpaprikaschote
1 rote Chilischote
2 Schalotten
2 Knoblauchzehen
50 g Pinienkerne
4–5 EL Olivenöl
150 ml Gemüsefond
150 ml roter Paprikasaft
150 g Instant-Polenta (Maisgrieß)
feines Salz
Chili aus der Mühle

1 Den Grill offen für direkte mittlere Hitze vorbereiten. Die Paprika und die Chili vierteln und entkernen, waschen und in Würfel schneiden. Schalotten und Knoblauch schälen und ebenfalls würfeln.

2 Die Pinienkerne in einer Alu-Grillschale ohne Fett offen bei direkter Hitze braun rösten. In einer zweiten Alu-Grillschale oder einem gusseisernen Topf 1–2 EL Öl erhitzen und Paprika, Chili, Schalotten und Knoblauch darin offen bei direkter Hitze anbraten. Alles mit Fond und Paprikasaft aufgießen, anschließend mit geschlossenem Deckel bei direkter Hitze (ca. 180 °C) aufkochen.

3 Die Polenta nach und nach einrieseln lassen und so lange rühren, bis sie cremig ist. Den Grilldeckel dabei immer wieder schließen. Zum Servieren Polenta mit Salz, Chili und übrigem Öl abschmecken und mit Pinienkernen bestreuen.

4 Portionen | 8–10 Minuten | Alu-Grillschale, ggf. hitzefester Topf

GERÄUCHERTE GRÜNE BOHNEN

1 Busch- und Kenia-Bohnen waschen, putzen und halbieren. Zuckerschoten waschen und schräg in Stücke schneiden. Bohnen und Zuckerschoten in kochendem Salzwasser bissfest garen, dann eiskalt abschrecken und trocken tupfen.

2 Den Grill für direkte mittlere bis starke Hitze vorbereiten. Schalotten schälen und würfeln. Frühstückspeck ebenfalls würfeln. Kirschtomaten waschen und halbieren. Bohnenkraut waschen, trocken schütteln und Blätter abzupfen.

3 Pfanne mit geschlossenem Deckel auf dem Grill erhitzen, etwas Öl hineingeben und den Speck darin offen bei direkter Hitze (ca. 200 °C) anbraten. Schalotten, Bohnen und Zuckerschoten hinzufügen, mit Salz und Pfeffer würzen. Die Hitze reduzieren (dazu beim Holzkohlegrill Lüftung schließen), alles mit geschlossenem Deckel bei direkter Hitze (ca. 180 °C) 2–3 Minuten grillen. Dann beide Tomatensorten dazugeben.

4 Zum Räuchern Holzchips abtropfen lassen und direkt auf die Glut oder nach Herstelleranweisung in die Räucherbox des Gasgrills (siehe Tipp) geben, Deckel schließen. Sobald Rauch entsteht, die Bohnen mit geschlossenem Deckel bei direkter Hitze nach Geschmack 5–10 Minuten garen und räuchern. Zum Servieren mit Bohnenkraut bestreuen.

FÜR DIE BOHNEN:
200 g Buschbohnen
200 g Kenia-Bohnen
200 g Zuckerschoten
feines Salz
2 Schalotten
4 Scheiben Frühstückspeck
100 g Kirschtomaten
2 Bohnenkrautzweige
1–2 EL Pflanzenöl
schwarzer Pfeffer aus der Mühle
100 g getrocknete, in Öl eingelegte Tomaten

AUSSERDEM:
1 Handvoll Buchenholzchips (mind. 30 Minuten gewässert)

TIPP

Wenn Sie beim Räuchern mit einem Gasgrill arbeiten, müssen Sie die Chips in eine spezielle Räucherbox geben und auf höchster Stufe entzünden. Sobald sich dichter Rauch bildet, das Gas zurückdrehen oder ggf. ausschalten und die Bohnen oder das jeweilige Grillgut wie beschrieben räuchern.

4 Portionen | 10–12 Minuten | gusseiserne Pfanne, Räucherbox (Gasgrill)

CHILI-MAIS-BROT

4 rote Chilischoten
4 junge Knoblauchzehen
1 Bund Schnittlauch
5 EL Zucker
5 EL Ahornsirup
2 TL Salz
1 l Buttermilch
650 g Mehl
650 g Maismehl (Polenta)
1–1½ EL Backpulver
3–4 EL Erdnussöl
Erdnussöl für den Dutch Oven

1 Den Grill für indirekte mittlere Hitze vorbereiten. Die Chili halbieren und entkernen, waschen und würfeln. Den Knoblauch schälen und ebenfalls würfeln. Den Schnittlauch waschen, trocken schütteln und in feine Röllchen schneiden.

2 Zucker, Ahornsirup, Salz und Buttermilch verrühren, sodass der Zucker vollständig aufgelöst ist. Mehl, Maismehl und Backpulver mischen. Buttermilchmischung, Chili, Knoblauch, Schnittlauch und Öl zur Mehlmischung geben und alles zu einem geschmeidigen Teig kneten.

3 Den Dutch Oven fetten und den Teig hineingeben, den Topf verschließen. Beim Holzkohlegrill einzelne Briketts darauflegen. Das Brot mit geschlossenem Deckel bei indirekter Hitze (ca. 180 °C) 40–50 Minuten backen. Zum Servieren nach Belieben mit grobem Salz bestreuen.

4 Portionen · 40–50 Minuten · Dutch Oven

weber
weber

ZWEIERLEI PIZZA

1 Für den Teig die Hefe in einer Schüssel zerbröseln, mit lauwarmem Wasser aufgießen und darin auflösen. Honig, Salz und Öl dazugeben. Das Mehl darübersieben und alles zu einem geschmeidigen Teig kneten. Den Hefeteig zugedeckt an einem warmen Ort etwa 25 Minuten gehen lassen.

2 Inzwischen Knoblauch schälen und würfeln. Thymian waschen, trocken schütteln und Blätter abzupfen. Den gegangenen Teig mit Pfeffer, Knoblauch, Thymian und Zitronenschale würzen, zum Fladen formen und nochmals ca. 20 Minuten gehen lassen. Währenddessen den Grill für direkte starke Hitze vorbereiten. Pizzastein auf dem Grill vorheizen.

3 Für die Pizza mit Tomaten und Mozzarella passierte Tomaten salzen und pfeffern. Kirschtomaten waschen und halbieren. Mozzarella würfeln. Hälfte des Teigs auf der bemehlten Arbeitsfläche ausrollen, passierte Tomaten darauf verstreichen. Getrocknete und Kirschtomaten und Mozzarella auf der Pizza verteilen. Kräuter waschen und trocken schütteln.

4 Die Pizza auf dem heißen Pizzastein mit geschlossenem Deckel bei direkter Hitze (ca. 200 °C) in 10–15 Minuten goldbraun grillen. Zum Servieren die Pizza mit Parmaschinken belegen und mit den Kräutern garnieren.

5 Für die Pizza mit Trauben, Feta und Spinat die Trauben waschen und halbieren. Käse würfeln. Trauben, Käse und Studentenfutter auf dem zweiten Pizzaboden verteilen, die Pizza wie beschrieben backen. Den Spinat waschen und trocken schleudern. Zum Servieren die Pizza mit Spinat und Honig garnieren, nach Belieben mit Salz und Pfeffer würzen.

FÜR DEN TEIG:
1 Würfel frische Hefe (ca. 42 g)
250 ml lauwarmes Wasser
3 TL Honig | 1 TL Salz
50 ml Olivenöl | 450 g Mehl
2 junge Knoblauchzehen
2 Zitronenthymianzweige
schwarzer Pfeffer aus der Mühle
abgeriebene Schale von ½ unbehandelten Zitrone
Mehl zum Arbeiten

FÜR DIE PIZZA MIT TOMATEN UND MOZZARELLA:
3–4 EL passierte Tomaten
feines Salz | Pfeffer aus der Mühle
150 g Kirschtomaten
1 großer Büffelmozzarella
50 g getrocknete Tomaten
2 Bund Blattpetersilie oder Rucola
6–8 Scheiben Parmaschinken

FÜR DIE PIZZA MIT TRAUBEN, FETA UND SPINAT:
je 50 g weiße und blaue kernlose Trauben
50 g Ziegenkäse (Feta)
1–2 EL Studentenfutter
25 g junger Spinat
1–2 EL Honig | feines Salz
Pfeffer aus der Mühle

4 Portionen | 10–15 Minuten pro Pizza | Pizzastein

Grillen klassisch und modern mit

SEAFOOD

SCHOLLENFILETROSEN

mit Zitronen-Dill-Rub

1 Für den Rub Salz, Zucker, Zitronenschale und rosa Pfeffer im Mörser fein zerstoßen. Den Dill waschen und trocken schütteln, die Blätter abzupfen und fein schneiden. Den Dill zur Würzmischung geben.

2 Die Schollenfilets kalt waschen, trocken tupfen und mit dem Rub dünn bestreuen. Die Fischfilets zu kleinen Rosen aufrollen und jeweils mit 1 Holzstäbchen fixieren. Zugedeckt im Kühlschrank 20–30 Minuten marinieren.

3 Den Grill für indirekte schwache bis mittlere Hitze vorbereiten. Eine Alu-Grillschale oder eine doppelt gefaltete Alufolie fetten. Die Schollenfiletrosen in die Schale oder auf die Folie setzen und mit geschlossenem Deckel bei indirekter Hitze (140–160 °C) in 10–12 Minuten saftig grillen. Die Schollenfiletrosen zum Servieren mit dem Olivenöl beträufeln und mit Kresse bestreuen.

FÜR DEN RUB:
½ TL grobes Salz
1 TL brauner Zucker
abgeriebene Schale von
2 unbehandelten Zitronen
1 TL rosa Pfeffer | 1 Bund Dill

FÜR DEN FISCH:
8 Schollenfilets
(à 40–50 g, ohne Haut und Gräten)
1–2 EL Olivenöl
2 Kästchen Shiso-Kresse
Pflanzenöl für die Alufolie

AUSSERDEM:
8 Holzstäbchen (mind. 30 Minuten gewässert)

»Zarte Fischfilets wie Schollenfilets am besten in Alufolie oder in einer Alu-Grillschale sanft bei indirekter Hitz grillen.«

4 Portionen | 10–12 Minuten | Alu-Grillschale

KALAMARETTI-SPIESSE

mit Knoblauch und Shiitake-Pilzen

300 g Kalamaretti (geputzt)
2 lila Zwiebeln
250 g Shiitake-Pilze
4 junge Knoblauchzehen
8 junge Thymianzweige
½ Bund Blattpetersilie
Saft von 1 Limette
80 ml Olivenöl
feines Salz
schwarzer Pfeffer aus der Mühle
6–8 Holz- oder Metallspieße (Holzspieße mind. 30 Minuten gewässert)
Pflanzenöl für den Grillrost

1 Den Grill für indirekte starke Hitze vorbereiten. Die Kalamaretti kalt waschen, trocken tupfen und in gleich große Stücke schneiden. Zwiebeln schälen, vierteln und in einzelne Schichten teilen. Die Pilze putzen und trocken abreiben, die Stiele entfernen und die Pilze je nach Größe halbieren.

2 Für die Marinade den Knoblauch schälen und fein würfeln. Thymian und Petersilie waschen und trocken schütteln, die Blätter abzupfen und fein schneiden. Knoblauch, Thymian, Petersilie, Limettensaft und 60 ml Olivenöl mischen, salzen und pfeffern. Die Kalamaretti, Zwiebeln und Pilze mit der Marinade mischen und abwechselnd auf die Spieße stecken.

3 Den Grillrost oder einen Fischhalter fetten und die Spieße mit geschlossenem Deckel bei indirekter Hitze (ca. 200 °C) 5–6 Minuten grillen. Danach vom Grill nehmen, mit Salz und Pfeffer würzen und mit restlichem Olivenöl beträufeln.

4 Portionen | 5–6 Minuten | ggf. Fischhalter

BOUILLABAISSE

von heimischen Fischen

400 g gemischte Fischfilets (z.B. Lachs, Zander, Saibling, Waller, Lachsforelle; mit Haut, ohne Gräten)
150 g Flusskrebse (ausgebrochen und geputzt)
6–8 festkochende Drillinge (z.B. Bamberger Hörnchen oder La Ratte)
1 lila Zwiebel | 1–2 junge Knoblauchzehen
150 g Möhren | 150 g Sellerie
½ Stange Lauch (nur das Weiße)
150 g Fenchel | 150 g Kirschtomaten
2–3 EL Olivenöl | ½ TL Safranfäden
feines Salz | 100 ml Weißwein
600 ml Fischfond
50 g getrocknete Tomaten
Cayennepfeffer
2 Bund gemischte Kräuter (z.B. Thymian, Rosmarin, Dill) zum Garnieren

1 Die Fischfilets und Flusskrebse kalt waschen und trocken tupfen. Die Filets in mundgerechte Stücke schneiden. Den Grill für direkte mittlere bis starke Hitze vorbereiten. Wok mit geschlossenem Deckel auf dem Grill kurz vorheizen.

2 Die Kartoffeln waschen und je nach Größe halbieren oder vierteln. Zwiebel und Knoblauch schälen und in feine Spalten schneiden. Möhren und Sellerie schälen und würfeln. Lauch und Fenchel putzen, waschen und in feine Streifen schneiden. Tomaten waschen und halbieren.

3 Das Öl im Wok erhitzen und Zwiebel, Knoblauch, Möhren, Sellerie, Lauch und Fenchel darin offen bei direkter Hitze (180–230°C) anbraten. Mit Safranfäden bestreuen und alles 4–5 Minuten garen. Die Kartoffeln dazugeben und alles mit Salz würzen und Wein ablöschen.

4 Den Fond zugießen und die Suppe aufkochen. Dann beide Tomatensorten sowie die Fischfilets und Flusskrebse hinzufügen. Alles erneut erhitzen und etwa 10 Minuten garen.

5 Die Bouillabaisse ohne Hitze im Wok noch 5–6 Minuten nachziehen lassen, anschließend mit Salz und Cayenne abschmecken. Mit Kräutern bestreut servieren.

4 Portionen | 20–25 Minuten | gusseiserner Wok

HEILBUTT MIT CHILIÖL

im Bananenblatt

2 unbehandelte Zitronen
2 Tomaten
2–3 EL süßscharfe Chilisauce
2 EL Erdnussöl
feines Salz
4 Thai-Basilikumstiele
4 Bananenblätter
(aus dem Asia-Laden)
4 Heilbuttfilets (à ca. 80 g)
schwarzer Pfeffer aus der Mühle
8 Zahnstocher (mind. 30 Minuten gewässert)

1 Den Grill für direkte/indirekte mittlere Hitze vorbereiten. Die Zitronen heiß waschen und abtrocknen, die Tomaten waschen, beides in Scheiben schneiden. Die Chilisauce und das Öl verrühren und mit Salz würzen. Das Thai-Basilikum waschen, trocken schütteln und die Blätter abzupfen.

2 Die Bananenblätter auf dem Grill offen bei direkter Hitze von beiden Seiten kurz angrillen, sodass sie elastisch werden und nicht mehr reißen können.

3 Jeweils 2 Scheiben Zitrone und Tomate abwechselnd auf 1 Bananenblatt legen. Heilbutt kalt waschen, trocken tupfen und daraufsetzen. Mit Salz, Pfeffer und Chiliöl würzen und mit Basilikum belegen. Blätter zusammenklappen und die Päckchen mit je 2 Zahnstochern fixieren. Den Heilbutt mit geschlossenem Deckel bei indirekter Hitze (ca. 180 °C) 6–8 Minuten grillen. Zum Servieren die Päckchen öffnen.

4 Portionen | auf Sicht (Blätter) | 6–8 Minuten (Fisch)

ASIATISCHER STECKERLFISCH

in Ingwer-Schalotten-Marinade

1 Aus den Zutaten die Ingwer-Schalotten-Marinade wie beschrieben zubereiten (siehe S. 119).

2 Die Forellen kalt waschen und trocken tupfen. Dann die Fische außen und innen bis in den Bauchraum gründlich mit der Marinade einstreichen. Zugedeckt bei Zimmertemperatur etwa 30 Minuten marinieren.

3 Grill für indirekte schwache bis mittlere Hitze vorbereiten. Die Limetten heiß waschen und in Scheiben schneiden. Limettenblätter und Thai-Basilikum waschen und trocken schütteln. Die Fische auf die Stäbe spießen, je mit 2 Limettenscheiben, 1 Limettenblatt und 1 Thai-Basilikumstiel füllen, salzen und pfeffern. Mit je 2 Zahnstochern verschließen.

4 Grillrost fetten und Steckerlfische auflegen. Zum Räuchern Holzchips abtropfen lassen und direkt auf die Glut oder nach Herstelleranweisung in die Räucherbox des Gasgrills (siehe Tipp S. 83) geben, den Deckel schließen. Sobald Rauch entsteht, Fische mit geschlossenem Deckel bei indirekter Hitze (140–160 °C) 20–25 Minuten garen und räuchern.

FÜR DIE MARINADE:
50 g Ingwer | 2 Schalotten
2 rote Chilischoten
2–3 EL Sojasauce | 2–3 EL Erdnussöl
etwas fruchtiges Currypulver
feines Salz

FÜR DIE FISCHE:
4 Forellen (à 200–300 g)
2 unbehandelte Limetten
4 Kaffir-Limettenblätter
4 Thai-Basilikumstiele | feines Salz
schwarzer Pfeffer aus der Mühle
Pflanzenöl für den Grillrost

AUSSERDEM:
4 Holzstäbe, 8 Zahnstocher und
1–2 Handvoll Kirschholzchips (jeweils mind. 30 Minuten gewässert)

»Übrige Ingwer-Schalotten-Marinade können Sie während des Grillens noch auf die Fische pinseln.«

4 Portionen | 20–25 Minuten | Räucherbox (Gasgrill)

THUNFISCH-TATAKI

mit Asia-Mop

FÜR DEN MOP:
½ Bund Zitronengras
150 g Schalotten
70 g junger Knoblauch
75 g Ingwer | 1–2 rote Chilischoten
50 g brauner Zucker
50 ml Limettensaft
250 ml Geflügelfond
50 ml Sojasauce | 50 g Akazienhonig
abgeriebene Schale von 2 unbehandelten Orangen und 1 Limette
1 EL Korianderkörner
2 Kaffir-Limettenblätter
etwas angerührte Speisestärke

FÜR DAS TATAKI:
300–400 g Gelbflossen-Thunfisch (Loin-Mittelstück)
50 g geröstete schwarze Sesamsamen
4–6 Schaschlik-Spieße (mind. 30 Minuten gewässert)
Pflanzenöl für den Grillrost

1 Den Grill für direkte mittlere Hitze vorbereiten. Den Asia-Mop wie beschrieben zubereiten (siehe S. 119). Dabei offen bei direkter Hitze mind. 20 Minuten einkochen. Dann durch ein Sieb gießen, erneut aufkochen und mit der angerührten Stärke binden. Mit Salz abschmecken. Den Mop abkühlen lassen und bis zur Verwendung kühl stellen.

2 Inzwischen für das Tataki den Thunfisch kalt waschen, trocken tupfen und in 3–4 cm breite Stränge schneiden. In den abgekühlten Mop legen und darin mind. 30 Minuten marinieren (am besten über Nacht).

3 Anschließend den Thunfisch aus dem Mop nehmen, trocken tupfen und von beiden Seiten mit den Spießen fixieren.

4 Den Grillrost fetten und den Thunfisch offen bei direkter Hitze (160–180°C) von allen Seiten angrillen, bis ein Muster entsteht. Danach den Fisch vom Grill nehmen, abkühlen lassen und rundum mit dem Mop bestreichen.

5 Zum Servieren den Thunfisch in Sesam wälzen und von den Spießen lösen. Fischstreifen in Stücke schneiden und die Schnittflächen mit dem restlichen Mop bestreichen.

TIPP

Mit Tataki bezeichnet man in Japan eine spezielle Garmethode für Fleisch oder Fisch. Dabei wird der Fisch zuerst kurz rundum bei starker Hitze gegart und anschließend mariniert. Zum Servieren schneidet man Fisch oder Fleisch in Scheiben.

4 Portionen | auf Sicht (Mop) | 3–5 Minuten (Fisch) | Alu-Grillschale (Mop)

TROCKEN MARINIERTE LACHSFORELLE

von der Planke mit Cranberry-Mop

FÜR DEN RUB:
1 EL rosa Pfefferkörner
1 TL Korianderkörner
8 Thymianzweige
1 TL grobes Salz
1 TL brauner Zucker

FÜR DEN FISCH:
1 Seite Lachsforelle
(600–800 g, mit Haut, ohne Gräten)
abgeriebene Zesten von
1 unbehandelten Limette

FÜR DEN MOP:
100 g getrocknete Cranberrys
200 ml Cranberrysaft
Saft von 2 Orangen
2 EL Akazienhonig

1 Den Grill für direkte/indirekte starke Hitze vorbereiten. Den Pfeffer-Thymian-Rub wie beschrieben zubereiten (siehe S. 119).

2 Den Fisch kalt waschen und trocken tupfen. Die Fleischseite mit dem Rub gründlich einreiben und die Limettenzesten darüberstreuen. Die Lachsforelle zugedeckt bei Zimmertemperatur 30–40 Minuten marinieren.

3 Das Brett auf dem Grill offen bei direkter Hitze (200–230 °C) zum Rauchen bringen. Den Cranberry-Mop wie beschrieben zubereiten (siehe S. 119).

4 Sobald sich ein dichter Rauch entwickelt, den Fisch mit der Haut auf das Brett legen und auf indirekte Hitze wechseln. Den Fisch mit geschlossenem Deckel bei indirekter Hitze (140–160 °C) nach Geschmack 20–25 Minuten garen und räuchern. (Falls es nicht mehr genug raucht, das Holzbrett über direkter Hitze nochmals entzünden.) Dabei den Fisch immer wieder mit dem Mop bestreichen.

»Das sogenannte Plankengrillen soll ursprünglich von den Indianern stammen – es gibt dem Fisch ein raffiniertes Aroma.«

4 Portionen · 20–25 Minuten · Zedernholzbrett (gewässert)

DORADE ROSÉ

im Kräutersalzteigmantel

FÜR DEN SALZTEIG:
je 1 Bund Rosmarin und Thymian
10–12 Eiweiß
1½ kg Mehl
150 g grobes Salz
Mehl zum Arbeiten

FÜR DIE DORADE:
1 Dorade rosé (1–1½ kg)
feines Salz
schwarzer Pfeffer aus der Mühle
1 rote Chilischote
3–4 junge Knoblauchzehen
4 Thymianzweige
2 Rosmarinzweige
4 Blattpetersilienstiele
3–4 Kaffir-Limettenblätter
Schalenstreifen von je 1 unbehandelten Zitrone und Orange

1 Für den Salzteig Rosmarin und Thymian waschen, trocken schütteln und die Blätter abzupfen. Die Eiweiße leicht aufschlagen und mit Kräutern, Mehl und Salz zu einem festen Teig kneten. Den Teig zu einem Ziegel flach formen und in Frischhaltefolie wickeln.

2 Die Dorade entschuppen und die Flossen abschneiden (Schwanzflosse aussparen; ggf. vom Fischhändler vorbereiten lassen). Fisch kalt waschen, gründlich trocken tupfen und innen mit Salz und Pfeffer würzen.

3 Die Chili halbieren und entkernen, waschen und in Stücke schneiden. Chili, Knoblauch, Kräuterzweige, Limettenblätter und Zitrusschalen in die Dorade füllen und den Fisch in Backpapier einschlagen.

4 Den Grill für indirekte starke Hitze vorbereiten. Den Teig auf der bemehlten Arbeitsfläche ausrollen. Die Dorade mit Backpapier darauflegen und im Salzteig komplett einschlagen. 3–4 Schichten Alufolie in der Größe des Fisches falten und den Fisch mit der Teignaht nach unten daraufsetzen.

5 Den Fisch mit geschlossenem Deckel bei indirekter Hitze (ca. 200 °C) 15–20 Minuten vorgrillen. Danach die Hitze reduzieren (dazu beim Holzkohlegrill Lüftung schließen) und den Fisch bei etwa 180 °C noch etwa 10 Minuten grillen. Den Fisch ohne Hitze noch 5–10 Minuten ruhen lassen. Zum Servieren den Salzteig waagerecht aufschneiden oder -sägen.

4 Portionen — 25–30 Minuten

1/2 l
500 ml
450
3/8
400
350
1/4
300
250

GERÄUCHERTER SEETEUFEL

mit Paprikamayonnaise

FÜR DEN FISCH:
1 kleiner Seeteufel (800 g–1 kg)
4–6 Minzestiele
2 EL Currypulver
1 TL gemahlener Koriander
1 TL Chiliflocken
1 TL grobes Salz
2 EL brauner Zucker
abgeriebene Zesten und Saft von 2 unbehandelten Orangen
2 EL milder Honig
Küchengarn
Pflanzenöl für den Grillrost

FÜR DIE MAYONNAISE:
je 2 rote und gelbe Paprikaschoten
160 ml Pflanzenöl | 1 Eigelb
1 EL rote Thai-Currypaste (aus dem Asia-Laden)
Saft von ½ Zitrone
1–2 EL Honig | feines Salz
Chili aus der Mühle
2–3 Kästchen Shiso-Kresse

AUSSERDEM:
1 Handvoll Zedernholzchips (mind. 30 Minuten gewässert)

1 Den Seeteufel häuten, dabei das Schwanzstück aussparen (ggf. vom Fischhändler vorbereiten lassen). Dann Fisch kalt waschen und trocken tupfen, mit Küchengarn und Minze binden. Für den Rub Curry, Koriander, Chili, Salz, Zucker und Zesten mischen. Fisch damit rundum einreiben und zugedeckt bei Zimmertemperatur 40–50 Minuten marinieren.

2 Grill für direkte/indirekte mittlere bis starke Hitze vorbereiten. Grillrost fetten, Fisch mit geschlossenem Deckel bei indirekter Hitze (ca. 160 °C) 10–15 Minuten grillen. Honig und Orangensaft verrühren und den Fisch damit bestreichen.

3 Zum Räuchern Holzchips abtropfen lassen und direkt auf die Glut oder nach Herstelleranweisung in die Räucherbox des Gasgrills (siehe Tipp S. 83) geben, den Deckel schließen. Sobald Rauch entsteht, Fisch mit geschlossenem Deckel bei indirekter Hitze 25–30 Minuten garen und räuchern.

4 Für die Mayonnaise Paprika waschen, rundum mit 1 EL Öl bestreichen und mit geschlossenem Deckel bei direkter Hitze (200–230 °C) in etwa 15 Minuten fast schwarz grillen. Dann vom Grill nehmen und mit Frischhaltefolie zugedeckt 5–10 Minuten abkühlen lassen. Die Haut abziehen, Paprika halbieren, entkernen und mit der Gabel zerdrücken.

5 Eigelb mit Currypaste, Zitronensaft, Honig, Salz und Chili pürieren. Übriges Öl erst tröpfchenweise, dann in dünnem Strahl unter Rühren dazugeben, zerdrückte Paprika unterrühren. Fisch mit Paprikamayonnaise und Kresse servieren.

4 Portionen | 35–45 Minuten (Fisch) | 15 Minuten (Paprika) | Räucherbox (Gasgrill)

weber

ZANDERFILETS

mit Chorizo und Grapefruit

4 Zanderfilets (à ca. 80 g, mit Haut, ohne Gräten)
2–3 Chorizo-Würste
1–2 lila Zwiebeln
4 Knoblauchzehen
Pflanzenöl
feines Salz
schwarzer Pfeffer aus der Mühle
abgeriebene Zesten und ausgelöste Filets von 2–3 unbehandelten Grapefruits (ersatzweise von Orangen, Mandarinen oder Zitronen)
2–3 EL Honig
2 Kästchen Shiso-Kresse

1 Den Grill geschlossen für direkte mittlere Hitze vorbereiten. Die Zanderfilets kalt waschen, trocken tupfen und die Haut der Filets mehrmals einschneiden. Die Chorizo pellen und schräg in Scheiben schneiden. Zwiebeln schälen und in Spalten schneiden. Die Knoblauchzehen schälen und halbieren.

2 Etwas Öl in der Pfanne oder einer Alu-Grillschale offen bei direkter Hitze (160–180 °C) erhitzen und die Chorizo darin knusprig grillen. Zwiebeln und Knoblauch dazugeben und 2–3 Minuten mitgrillen.

3 Die Zanderfilets mit Salz und Pfeffer würzen, mit der Hautseite in die Pfanne legen und leicht andrücken. Die Filets noch 3–4 Minuten grillen, bis die Haut knusprig ist.

4 Danach die Fischfilets wenden und Zitruszesten und -filets dazugeben. Alles mit Honig, Salz und Pfeffer abschmecken. Die Zanderfilets noch 3–4 Minuten grillen, dann vom Grill nehmen und mit Kresse bestreut servieren.

TIPP

Grillpfannen oder -töpfe aus Gusseisen sind relativ dickwandig und schwer, weshalb sie – einmal erhitzt – die Wärme gut leiten. Einziger Nachteil: Gusseisengeschirr bedarf der intensiven Pflege und muss vor dem Erstgebrauch nach Herstellerhinweis eingebrannt werden.

4 Portionen · 10–13 Minuten · gusseiserne Pfanne

IKARIMI-LACHS

vom Zedernholzbrett

FÜR DEN LACHS:
1 Seite Lachs (600–800 g; Ikarimi-Qualität, mit Haut, ohne Gräten)
feines Salz
schwarzer Pfeffer aus der Mühle
50 g gemischte Kräuter (z.B. Kerbel, Blattpetersilie, Oregano, Melisse)

FÜR DEN LACK:
2 EL mittelscharfer feiner Senf
2 EL milder Honig
ausgekratztes Mark von 1 Vanilleschote

1. Den Grill für direkte/indirekte starke Hitze vorbereiten. Den Lachs kalt waschen, trocken tupfen und rundum mit Salz und Pfeffer würzen. Für den Lack Senf, Honig und Vanillemark verrühren.

2. Das Zedernholzbrett auf dem Grill offen bei direkter Hitze (200–230 °C) zum Rauchen bringen. Sobald sich ein dichter Rauch entwickelt, den Lachs auf der Hautseite auf das Brett legen und auf indirekte Hitze wechseln.

3. Die Hitze reduzieren (dazu beim Holzkohlegrill die Lüftung schließen) und den Lachs mit geschlossenem Deckel bei indirekter Hitze (ca. 160 °C) nach Geschmack 20–25 Minuten garen und räuchern. (Falls es nicht mehr genug raucht, das Holzbrett über direkter Hitze nochmals entzünden.) Dabei den Fisch immer wieder mit dem Lack bestreichen.

4. Kräuter waschen, trocken schütteln und Blätter abzupfen. Zum Servieren den Lachs mit den Kräutern bestreuen.

TIPP

Bei der Ikarimi-Qualität wird der Lachs besonders verarbeitet und dadurch äußerst geschmacksintensiv. Zum Plankengrillen können Sie Bretter aus dem Holz von Zedern, Buchen, Erlen, Kirschen, Apfel oder auch Hickory verwenden – am besten vom Schreiner oder Grillfachhandel.

4 Portionen | 20–25 Minuten | Zedernholzbrett (gewässert)

1

2

3

4

DIE BESTEN WÜRZMISCHUNGEN

für Fische und Meeresfrüchte (jeweils für ca. 1 kg)

PFEFFER-THYMIAN-RUB (1)

1 EL rosa Pfefferkörner und **1 TL Korianderkörner** in einer Alu-Grillschale offen bei direkter Hitze (200–230 °C) kräftig rösten. **8 Thymianzweige** waschen, trocken tupfen und die Blätter abzupfen. Die gerösteten Körner mit **1 TL grobem Salz, 1 TL braunem Zucker** und dem Thymian im Mörser zerstoßen. Zum Trockenmarinieren von Fisch, herrlich in Kombination mit Limettenzesten (siehe S. 106).

INGWER-SCHALOTTEN-MARINADE (2)

50 g Ingwer und **2 Schalotten** schälen und in Würfel schneiden. **2 rote Chilischoten** halbieren und entkernen, waschen und würfeln. **Ingwer**, **Schalotten** und **Chili** mit je **2–3 EL Sojasauce** und **Erdnussöl** mischen und die Marinade mit **fruchtigem Currypulver** und **Salz** würzen. Geeignet für ganze Fische, dazu diese außen und innen mit der Marinade bestreichen (siehe S. 103).

ASIA-MOP (3)

1 Bund Zitronengras von äußeren Blättern befreien und das untere weiche Drittel in Stücke schneiden. **300 g Schalotten**, **140 g jungen Knoblauch** und **150 g Ingwer** schälen und grob würfeln. **3 rote Chilischoten** halbieren und entkernen, waschen und grob hacken. **100 g braunen Zucker** in einer Alu-Grillschale offen bei direkter Hitze (160–180 °C) erhitzen, **Zitronengras**, **Schalotten**, **Knoblauch**, **Ingwer** und **Chili** dazugeben und mit andünsten. **100 ml Limettensaft** und **500 ml Geflügelfond** aufgießen. Alles aufkochen und **100 ml Sojasauce**, **100 g Akazienhonig**, **abgeriebene Schale von 4 unbehandelten Orangen** und **2 Limetten**, **2 EL Korianderkörner** und **4 Kaffir-Limettenblätter** dazugeben. Den Mop mind. 20 Minuten einkochen. Dann durch ein Sieb gießen, nochmals aufkochen und mit angerührter **Speisestärke** binden. Zuletzt mit Salz abschmecken. Für ganze Fische und Fischfilets, beides während des Grillens mit dem Mop immer wieder bestreichen (siehe S. 104).

CRANBERRY-MOP (4)

200 g getrocknete Cranberrys, **300 ml Cranberry-Saft**, **100 ml Wasser**, den **Saft von 3 Orangen** und **4 EL Akazienhonig** verrühren. Nach Belieben zuerst das Grillgut darin 30 Minuten bei Zimmertemperatur marinieren. Anschließend die Marinade auf dem Grill in einer Alu-Grillschale offen bei direkter Hitze (200–230 °C) zum Mop einkochen und den Fisch damit immer wieder bestreichen (siehe S. 106).

Grillen klassisch und modern mit

FLEISCH

TANDOORI DRUMSTICKS

geräuchert

FÜR DIE DRUMSTICKS:
600 g Hähnchenoberkeulen
Pflanzenöl für den Grillrost

FÜR DIE MARINADE:
2 junge Knoblauchzehen
1 lila Zwiebel | 50 g Ingwer
2 TL gemahlener Koriander
1 TL gemahlener Kreuzkümmel
1 TL schwarzer Pfeffer aus der Mühle
2 EL Paprikapulver edelsüß
1 TL Chilipulver
1 TL fruchtiges Currypulver
200 g Joghurt
2 EL Erdnussöl
Saft von 1 Limette

AUSSERDEM:
1 Handvoll Mesquite-Holzchips (mind. 30 Minuten gewässert)

1 Für die Drumsticks die Hähnchenkeulen von Knorpeln und Sehnen befreien, kalt waschen und trocken tupfen.

2 Für die Tandoori-Marinade Knoblauch, Zwiebel und Ingwer schälen und sehr fein würfeln. Koriander, Kreuzkümmel, Pfeffer, Paprika-, Chili- und Currypulver mit Joghurt, Öl und Limettensaft gründlich verrühren und Knoblauch, Zwiebel und Ingwer dazugeben. Die Keulen in der Marinade einlegen und zugedeckt im Kühlschrank 30–40 Minuten marinieren (am besten über Nacht).

3 Den Grill für indirekte mittlere Hitze vorbereiten. Die Keulen aus der Marinade nehmen und leicht abtupfen. Den Grillrost fetten und die Keulen mit geschlossenem Deckel bei indirekter Hitze (160–180 °C) 10–15 Minuten grillen.

4 Zum Räuchern die Holzchips abtropfen lassen und direkt auf die Glut oder nach Herstelleranweisung in die Räucherbox des Gasgrills (siehe Tipp S. 83) geben, den Deckel schließen. Sobald Rauch entsteht, die Hähnchenkeulen mit geschlossenem Deckel bei indirekter Hitze nach Geschmack noch 15–20 Minuten garen und räuchern.

»Tandoori kommt von dem Wort ›Tandur‹, dem Namen für den traditionellen Holzkohleofen in Indien.«

4 Portionen | 25–35 Minuten | Räucherbox (Gasgrill)

CHICKEN FINGERS

in Zitrusmarinade

2 Maishähnchenbrüste (à ca. 250 g; ohne Haut und Knochen)
2–3 EL Sojasauce | 2–3 EL Erdnussöl
abgeriebene Schale und Saft von 1 unbehandelten Zitrone
1 TL Paprikapulver edelsüß
feines Salz
schwarzer Pfeffer aus der Mühle
etwas Speisestärke
1 Kästchen Shiso-Kresse
10–12 Holzspieße (mind. 30 Minuten gewässert)
Pflanzenöl für den Grillrost

1 Den Grill für indirekte mittlere bis starke Hitze vorbereiten. Die Hähnchenbrüste kalt waschen, trocken tupfen und jeweils längs in 5 bis 6 Streifen schneiden.

2 Für die Marinade Sojasauce, Erdnussöl, Zitronenschale, -saft und Paprikapulver mischen. Die Hähnchenstreifen darin kurz einlegen und mit Salz und Pfeffer würzen. Danach die Hähnchenstreifen der Länge nach auf die Spieße stecken und mit wenig Speisestärke bestäuben.

3 Den Grillrost fetten und die Chicken Fingers mit geschlossenem Deckel bei indirekter Hitze (180–200 °C) von jeder Seite 3–4 Minuten grillen. Zum Servieren mit Kresse bestreuen.

4 Portionen | 6–8 Minuten

GERÄUCHERTE CHICKEN WINGS

in der Ahornsirup-Zitrus-Brine

FÜR DIE BRINE:
2 rote Chilischoten
Schale und Saft von 1 unbehandelten Orange, 2 Zitronen und 2 Limetten
2–3 EL grobes Salz
2–3 EL brauner Zucker
150 ml Ahornsirup

FÜR DIE CHICKEN WINGS:
600 g ausgelöste Hähnchenflügel
feines Salz
Chili aus der Mühle
Pflanzenöl für den Grillrost

AUSSERDEM:
1 Handvoll Zedernholzchips (mind. 30 Minuten gewässert)

1 Für die Brine Chili halbieren und entkernen, waschen und in Stücke schneiden. Chili, Zitrusschalen und -saft, Salz, Zucker und Ahornsirup mit 500 ml Wasser gründlich verrühren, sodass sich Zucker und Salz vollständig auflösen.

2 Für die Chicken Wings die Hähnchenflügel kalt waschen, trocken tupfen und in der Brine zugedeckt im Kühlschrank 1–1 ½ Stunden marinieren (am besten über Nacht). Die Brine anschließend nicht weiterverwenden.

3 Grill für indirekte mittlere Hitze vorbereiten. Hähnchenflügel aus der Brine nehmen und trocken tupfen. Grillrost fetten und die Hähnchenflügel mit geschlossenem Deckel bei indirekter Hitze (ca. 180 °C) 15–20 Minuten grillen.

4 Danach zum Räuchern die Holzchips abtropfen lassen und direkt auf die Glut oder nach Herstelleranweisung in die Räucherbox des Gasgrills (siehe Tipp S. 83) geben, den Deckel schließen. Sobald Rauch entsteht, die Chicken Wings mit geschlossenem Deckel bei indirekter Hitze nach Geschmack noch 10–15 Minuten garen und räuchern. Zum Servieren die Chicken Wings mit Salz und Chili würzen.

TIPP

Zu den Chicken Wings passt gegrillter, in Schinken gewickelter grüner Spargel (siehe Fotos S. 126 und S. 167). Für 4 Portionen 16 Stangen Spargel waschen, putzen und mit je 1 Scheibe Parmaschinken umwickeln. Auf dem Grill in 8–10 Minuten knusprig grillen und zum Servieren mit Pfeffer würzen.

4–8 Portionen | 25–35 Minuten | Räucherbox (Gasgrill)

MAISHÄHNCHENBRUST

mit Erdnusscreme im Popcorn-Mantel

FÜR DAS MAISHÄHNCHEN:
4 Maishähnchenbrüste (à ca. 250 g; ohne Haut und Knochen)
feines Salz
Pflanzenöl für den Grillrost

FÜR DIE ERDNUSSCREME:
1 rote Chilischote
50 g Ingwer
100 g Erdnussbutter
50 ml Geflügelfond

FÜR DAS POPCORN:
2 ½ EL Pflanzenöl
50 g Popcorn-Mais

1 Den Grill für direkte/indirekte schwache bis mittlere Hitze vorbereiten. Die Hähnchenbrüste kalt waschen, trocken tupfen und rundum mit Salz würzen.

2 Den Grillrost fetten und die Hähnchenbrüste offen bei direkter Hitze (ca. 160 °C) von beiden Seiten grillen, bis ein Muster entsteht. Dann auf indirekte Hitze wechseln und die Hähnchenbrüste mit geschlossenem Deckel bei indirekter Hitze (ca. 140 °C) noch 8–10 Minuten grillen.

3 Für die Erdnusscreme die Chili halbieren und entkernen, waschen und fein würfeln. Ingwer schälen und ebenfalls fein würfeln. Chili, Ingwer, Erdnussbutter und Fond in einer Alu-Grillschale offen bei direkter Hitze cremig einkochen. Dabei ab und zu umrühren.

4 Für das Popcorn das Öl in einem gusseisernen Topf offen bei direkter Hitze erhitzen. Die Maiskörner hineingeben und aufpoppen lassen, dabei den Deckel geschlossen halten. Das Popcorn abkühlen lassen und grob zerstoßen.

5 Die fertigen Hähnchenbrüste zum Servieren rundum mit der Erdnusscreme bestreichen, in den Popcorn-Bröseln wälzen und nochmals mit Salz würzen.

»Das Popcorn lässt sich auch einfach in zwei ineinandergestellten Alu-Grillschalen zubereiten.«

4 Portionen | 10–15 Minuten (Fleisch) | auf Sicht (Popcorn) | gusseiserner Topf

CAIPIRINHA-HÄHNCHEN

FÜR DAS HÄHNCHEN:
2 Stubenküken (à 300–400 g)
schwarzer Pfeffer aus der Mühle
4 Melissenstiele zum Garnieren
Pflanzenöl für den Grillrost

FÜR DIE MARINADE:
2–3 EL brauner Zucker
abgeriebene Zesten und Saft von
2 unbehandelten Limetten
1 EL grobes Salz

1 Die Stubenküken in der Mitte halbieren und den Rückenknochen mit einer Geflügelschere herausschneiden. Die Gelenke der Keulen von Knorpeln, Fett und Sehnen befreien. Die Stubenküken kalt waschen und trocken tupfen.

2 Die Caipirinha-Marinade wie beschrieben zubereiten (siehe S. 173). Die Stubenküken mit der Marinade gründlich bestreichen und zugedeckt 30–40 Minuten marinieren (am besten über Nacht im Kühlschrank).

3 Den Grill für direkte/indirekte starke Hitze vorbereiten. Die Stubenkükenstücke aus der Marinade nehmen und etwas abtupfen. Den Grillrost fetten und die Stubenküken offen bei direkter Hitze (ca. 200 °C) auf der Hautseite grillen, bis ein Muster entsteht.

4 Danach die Hitze reduzieren (dazu beim Holzkohlegrill Lüftung schließen) und die Stubenküken mit geschlossenem Deckel bei indirekter Hitze (ca. 180 °C) in 15–20 Minuten fertig grillen. Dabei ab und zu wenden und mit Pfeffer würzen. Zum Servieren mit Melisse garnieren.

TIPP

Viva Brasil! Wenn keine Kinder mitessen, können Sie nach Belieben noch 3–4 EL Cachaça-Rum mit in die Marinade geben. Dieser Rum gehört neben Limettensaft, braunem Rohrzucker und Crushed Ice zu den Grundzutaten des brasilianischen Cocktails.

4 Portionen 18–23 Minuten

BEER CAN CHICKEN

mit Honig und Chili

FÜR DIE WÜRZMISCHUNG:
½ TL grobes Salz
½ TL brauner Zucker
½ TL Paprikapulver rosenscharf
1 TL getrocknete Chiliflocken

FÜR DAS HÄHNCHEN:
1 Dose Bier (330–500 ml)
3 Thymianzweige
2 Knoblauchzehen
1 frisches Maishähnchen (ca. 1 kg)
feines Salz
1 EL Akazienhonig

1 Den Grill für indirekte mittlere Hitze vorbereiten. Für die Würzmischung alle Zutaten im Mörser zerstoßen. Für das Hähnchen die Bierdose bis zum Rand in Alufolie wickeln. Dann die Dose öffnen und etwas Bier abgießen. Thymian und Knoblauch so zuschneiden, dass sie in die Dose passen.

2 Das Hähnchen innen und außen kalt waschen und trocken tupfen. Innen mit Salz würzen und senkrecht auf die Dose setzen. Das Hähnchen auf der Dose in eine Alu-Grillschale setzen. (Alternativ die Dose in einem Grillhalter fixieren.)

3 Das Hähnchen mit geschlossenem Deckel bei indirekter Hitze (ca. 180 °C) 40–50 Minuten grillen. (Das Bier mit den Kräutern in der Dose verdampft dabei innen im Hähnchen und sorgt so für ein durchdringendes Aroma.) Kurz vor Garzeitende das Hähnchen rundum mit Honig bestreichen und gleichmäßig mit der Würzmischung bestreuen.

4 Portionen · 40–50 Minuten · Alu-Grillschale oder Hähnchengrillhalter

MIT MARONEN GEFÜLLTE ENTENBRUST

mit Heidelbeerlack

1 Den Grill für direkte/indirekte mittlere Hitze vorbereiten. Für den Lack das Zitronengras von den äußeren Blättern befreien und nur das untere weiche Drittel in Stücke schneiden. Die Limettenblätter einreißen. Den Ingwer in Scheiben schneiden. Alle Zutaten für den Lack in eine Alu-Grillschale geben und offen bei direkter Hitze sirupartig einkochen.

2 Für die Ente die Entenbrüste waschen und trocken tupfen, die Fettseite jeweils rautenförmig einschneiden. Mit einem langen Messer jeweils waagerecht eine Tasche in die Entenbrüste schneiden, ohne die Fleischseiten zu durchtrennen.

3 Maronen, Studentenfutter und Aprikosen fein hacken, sodass eine kompakte Masse entsteht. (Alternativ in der Küchenmaschine mixen.) Die Nuss-Frucht-Füllung mit Salz und Pfeffer würzen. Die Entenbrüste füllen, mit je 1 Zahnstocher verschließen und rundum mit Salz würzen.

4 Den Grillrost fetten und die Entenbrüste mit geschlossenem Deckel bei indirekter Hitze (ca. 180 °C) 6–8 Minuten von jeder Seite grillen. Dabei immer wieder mit dem Lack bestreichen. Ente ohne Hitze noch ca. 5 Minuten ruhen lassen.

FÜR DEN LACK:

2 Zitronengrasstiele
2 Kaffir-Limettenblätter
50 g Ingwer
1 Schale Heidelbeeren (ca. 200 g)
2–3 EL Sojasauce
200 ml Heidelbeersaft
2–3 EL Honig
1–2 EL brauner Zucker
1 TL grobes Salz

FÜR DIE ENTE:

4 weibliche Entenbrüste (à ca. 160 g)
100 g vorgegarte Maronen
2–3 EL Studentenfutter (z.B. Rosinen, Cashewkerne, Mandeln, Walnüsse)
2–3 EL getrocknete Aprikosen
feines Salz | Pfeffer aus der Mühle
4 Zahnstocher (mind. 30 Minuten gewässert)
Pflanzenöl für den Grillrost

TIPP

Wer will, mariniert die gefüllten Entenbrüste vor dem Grillen noch etwa 30 Minuten in der Mischung der noch nicht eingekochten Lackzutaten (siehe Foto S. 22). Auf diese Weise erhält man aus ein und denselben Zutaten sowohl eine Marinade als auch einen Lack.

4 Portionen | 6–8 Minuten (Fleisch) | auf Sicht (Lack) | Alu-Grillschale

WACHTELN

in der Bourbon-Berry-Brine

FÜR DIE WACHTELN:
4 Wachteln (küchenfertig)
200 g Heidelbeeren | feines Salz
Pflanzenöl für den Grillrost

FÜR DIE BRINE:
1 rote Chilischote
50 ml Wodka (mit Wild-Berry-Geschmack)
100 ml Bourbon | 200 ml Ginger Ale
1 EL Kardamomkapseln
1 EL grobes Salz

AUSSERDEM:
15–20 Zahnstocher (mind. 30 Minuten gewässert)
Küchengarn

1 Am Vortag die Wachteln innen und außen kalt waschen und trocken tupfen. Die Beeren verlesen und waschen. Die Wachteln innen salzen und mit Beeren füllen, dann mit Zahnstochern und Küchengarn verschließen.

2 Für die Brine Chili halbieren und entkernen, waschen und grob in Stücke schneiden. Wodka, Bourbon und Ginger Ale mit 300 ml Wasser mischen, Chili, Kardamom und Salz dazugeben. Wachteln in der Brine über Nacht einlegen (dazu am besten in einem Plastikbeutel luftdicht verschließen).

3 Am nächsten Tag den Grill für direkte/indirekte starke Hitze vorbereiten. Wachteln aus der Brine nehmen und trocken tupfen. Den Grillrost fetten, die Wachteln offen bei direkter Hitze (ca. 200 °C) rundum stark anbraten. Dann die Hitze reduzieren und Wachteln mit geschlossenem Deckel bei indirekter Hitze (ca. 180 °C) in 15–20 Minuten fertig grillen.

4 Portionen | 18–23 Minuten

HUNSRÜCKER DAMHIRSCH

trocken mariniert mit Glühwein-Mop

FÜR DEN HIRSCH:
3–3 ½ kg Damhirschrücken (mit Knochen; ggf. vom Metzger auslösen lassen)
1 Bund frische Kräuter der Provence (z.B. Thymian, Rosmarin, Lorbeerblätter)
Küchengarn
Pflanzenöl für den Grillrost

FÜR DEN RUB:
2 EL Wacholderbeeren
1–2 EL Pimentkörner
1 TL bunte Pfefferkörner
2 EL Korianderkörner
1 EL grobes Salz
1 EL brauner Zucker

FÜR DEN MOP:
2 Zimtstangen
ausgekratztes Mark von 1 Vanilleschote
abgeriebene Schale und Saft von 2 unbehandelten Orangen
300 ml Rotwein | 2 EL Sojasauce
2 EL brauner Zucker
4 EL Honig | 3–4 Gewürznelken

1 Für den Hirsch den kompletten Rücken kalt waschen und trocken tupfen. Zuerst die Filets vom Knochen lösen und von Fett und Sehnen befreien. Dann die Hirschrücken vom Knochen lösen und ebenfalls von Fett und Sehnen befreien.

2 Für den Rub Wacholderbeeren sowie Piment-, Pfeffer- und Korianderkörner im Mörser fein zerstoßen. Salz und Zucker dazugeben und ebenfalls zermahlen. Die Fleischstücke mit dem Rub rundum einreiben.

3 Das Filet jeweils unter die dünne Seite des Rückens legen und zurück auf den Knochen setzen. Bei der zweiten Seite ebenso verfahren. Die Kräuter darauflegen und alles mit Küchengarn binden. Den Rücken zugedeckt bei Zimmertemperatur 40–50 Minuten marinieren (am besten über Nacht im Kühlschrank).

4 Den Grill für direkte/indirekte schwache bis mittlere Hitze vorbereiten. Aus den Zutaten den Glühwein-Mop wie beschrieben zubereiten (siehe S. 173).

5 Den Grillrost fetten und den Rücken mit geschlossenem Deckel bei indirekter Hitze (140–160 °C) 1–1 ½ Stunden grillen. Gleichzeitig den Mop bei direkter Hitze sirupartig einkochen und den Hirsch damit immer wieder bestreichen.

6 Anschließend den Rücken ohne Hitze noch 20–25 Minuten ruhen lassen. Zum Servieren das Küchengarn entfernen und das Fleisch in Scheiben schneiden.

6–8 Portionen | 1–1 ½ Stunden | auf Sicht (Mop) | Alu-Grillschale

GEGRILLTER LAMMRÜCKEN

mit Spitzpaprika-Salsa

FÜR DIE SALSA:
je 2 rote und gelbe Spitzpaprikaschoten
1 EL Olivenöl | 2–3 Knoblauchzehen
2 Schalotten
je 2 rote und grüne Chilischoten
4 Blattpetersilienstiele
2 Thymianzweige | 1 TL Tomatenmark
1–2 EL weißer Balsamico
feines Salz
schwarzer Pfeffer aus der Mühle

FÜR DEN LAMMRÜCKEN:
je 4 Rosmarin- und Thymianzweige
4 Knoblauchzehen | 1–2 EL Olivenöl
4 Lammrücken (küchenfertig, ohne Fett und Sehnen)
feines Salz
schwarzer Pfeffer aus der Mühle
1 Kästchen grüne Shiso-Kresse

1 Den Grill für direkte/indirekte mittlere Hitze vorbereiten. Für die Salsa die Paprika waschen, mit Öl bestreichen und mit geschlossenem Deckel bei direkter Hitze (ca. 180 °C) in 10–15 Minuten fast schwarz grillen. Dann häuten (siehe S. 44), entkernen und in Rauten schneiden.

2 Knoblauchzehen und Schalotten schälen und würfeln. Chili halbieren und waschen, entkernen und würfeln. Kräuter waschen und trocken schütteln, Blätter fein schneiden. Paprika, Knoblauch, Schalotten, Chili, Kräuter, Tomatenmark und Essig verrühren und die Salsa mit Salz und Pfeffer würzen.

3 Für den Lammrücken Rosmarin und Thymian waschen und trocken schütteln, die Blätter abzupfen. Knoblauch halbieren. Kräuter, Knoblauch und Öl mischen, die Filets damit einstreichen und salzen. Die Filets mit geschlossenem Deckel bei indirekter Hitze (ca. 180 °C) 4–5 Minuten von beiden Seiten grillen. Danach ohne Hitze noch 5–8 Minuten ruhen lassen (optimale Kerntemperatur 55–61 °C), pfeffern. Die Filets mit Kresse bestreuen und mit Salsa servieren.

TIPP

Messen Sie die Kerntemperatur immer am Ende der Ruhezeit – am besten mit einem Bratenthermometer. Sobald die empfohlene Temperatur erreicht ist, können Sie das Fleisch servieren. Zum Ruhen das Fleisch an eine warme Stelle auf den Grill setzen.

4 Portionen | 4–5 Minuten (Fleisch) | 10–15 Minuten (Paprika)

AMERICAN RANGE BURGER

mit Guacamole und BBQ-Sauce

FÜR DIE BBQ-SAUCE:
4 junge Knoblauchzehen
2 rote Chilischoten
200 ml Malzbier
100 ml Hoisin-Sauce
50 ml Rinderfond
Saft von 1 Zitrone | feines Salz

FÜR DIE GUACAMOLE:
2 reife Avocados
50 g Ingwer
2 junge Knoblauchzehen
1 große rote Chilischote
2–3 EL Sojasauce
Saft von 1 Limette
feines Salz

FÜR DIE BURGER:
800 g Rinderhackfleisch (am besten von trocken gereiftem Rindfleisch)
feines Salz
8 Scheiben Frühstückspeck
4 Burger Buns
2 Tomaten
2 Romanasalatherzen
50 g geröstete Zwiebelringe
geriebener Cheddar nach Belieben
Pflanzenöl für den Grillrost

1 Den Grill für direkte/indirekte mittlere Hitze vorbereiten. Für die Sauce Knoblauch schälen und würfeln. Chili halbieren und entkernen, waschen und würfeln. Knoblauch, Chili, Bier, Hoisin-Sauce, Fond und Zitronensaft in einer Alu-Grillschale offen bei direkter Hitze (ca. 180 °C) dick einkochen und salzen.

2 Für die Guacamole Avocados halbieren und entkernen. Fruchtfleisch aus der Schale lösen und mit einer Gabel zerdrücken. Ingwer und Knoblauch schälen und würfeln. Chili halbieren und entkernen, waschen und ebenfalls würfeln. Avocado, Ingwer, Knoblauch und Chili mischen und mit Sojasauce, Limettensaft und Salz würzen.

3 Für die Burger Hackfleisch salzen, gründlich kneten und zu 4 flachen Burger-Pattys formen. Grillrost fetten und die Burger mit geschlossenem Deckel bei direkter Hitze (160–180 °C) von beiden Seiten 6–8 Minuten grillen. Den Speck gleichzeitig bei indirekter Hitze knusprig grillen.

4 Zum Servieren die Brötchen, falls nötig, quer halbieren und offen bei direkter Hitze 1–2 Minuten rösten. Die Tomaten waschen und in Scheiben schneiden. Den Salat grob zupfen, waschen und trocken schleudern.

5 Guacamole und BBQ-Sauce auf die unteren Brötchenhälften geben. Danach Salat, Tomaten, Speck, Burger und Zwiebelringe aufschichten und nach Belieben mit Käse bestreuen. Zuletzt die oberen Brötchenhälften auflegen.

4 Portionen | 6–8 Minuten (Burger) | auf Sicht (Sauce) | Alu-Grillschale

T-BONE-STEAK

mit Salsa verde und Wildkräutersalat

FÜR DAS STEAK:
1–1½ kg T-Bone-Steak
(trocken gereift, siehe Tipp)
feines Salz
schwarzer Pfeffer aus der Mühle
Pflanzenöl für den Grillrost

FÜR DIE SALSA:
je 1 Bund Blattpetersilie,
Basilikum und Kerbel
2 Schalotten
2 Knoblauchzehen
1 Scheibe Toastbrot
2 EL Kapernäpfel
2 EL weißer Balsamico
150 ml Olivenöl
feines Salz
schwarzer Pfeffer aus der Mühle

AUSSERDEM:
50 g gemischte Wildkräuter
(z.B. Sauerampfer, Rucola,
Bärenklau, Schafgarbe)

1 Den Grill für direkte/indirekte starke Hitze vorbereiten. Das Steak kalt waschen, trocken tupfen und salzen. Den Grillrost fetten und das Steak offen bei direkter Hitze (ca. 230 °C) von beiden Seiten anbraten, bis ein Muster entsteht.

2 Anschließend Hitze reduzieren (dazu beim Holzkohlegrill die Lüftung schließen) und auf indirekte Hitze wechseln. Das Steak mit geschlossenem Deckel bei indirekter Hitze (ca. 200 °C) noch 15–20 Minuten grillen. Dabei ab und zu wenden. Danach das Steak ohne Hitze 10–15 Minuten ruhen lassen (optimale Kerntemperatur 54–58 °C), pfeffern.

3 Für die Salsa die Kräuter waschen und trocken schütteln, die Blätter abzupfen und grob schneiden. Schalotten und Knoblauch schälen und würfeln. Das Toastbrot entrinden und würfeln. Die Kapern entstielen und grob hacken. Alle Zutaten für die Salsa im Mörser grob zerstoßen und mit Salz und Pfeffer würzen.

4 Für den Salat die Wildkräuter putzen, waschen und trocken schleudern. Die Hälfte der Salsa als Dressing mit den Wildkräutern mischen. Übrige Salsa verde und Wildkräutersalat zum T-Bone-Steak servieren.

TIPP

Trocken gereiftes (auf Englisch »dry aged«) Fleisch erhalten Sie beim Metzger Ihres Vertrauens auf Nachfrage oder über den Internetversand. Dabei lässt man das Fleisch – wie bis vor 50 Jahren auch bei uns noch üblich – nicht vakuumiert reifen, sondern »trocken« an der kühlen Luft (siehe S. 22).

4 Portionen · 18–25 Minuten

AMERICAN RIB-EYE-STEAK

mit Bourbon-Lack

FÜR DEN LACK:
300 ml Bourbon
3 EL Sojasauce
abgeriebene Zesten und Saft von
2 unbehandelten Zitronen
2 frisch geriebene Tonka-Bohnen
6 EL Zuckerrübenkraut
2 getrocknete Chilischoten
1–2 TL grobes Salz

FÜR DIE STEAKS:
2 US-Rib-Eye-Steaks
(à ca. 1 kg; am besten
trocken gereift)
feines Salz
Pflanzenöl für den Grillrost

1 Den Grill für direkte/indirekte starke Hitze vorbereiten. Alle Zutaten für den Lack in eine Alu-Grillschale geben und offen bei direkter Hitze sirupartig einkochen.

2 Steaks waschen, trocken tupfen und rundum salzen. Grillrost fetten und Steaks offen bei direkter Hitze (ca. 230 °C) von beiden Seiten grillen, bis ein Muster entsteht. Die Hitze reduzieren (dazu beim Holzkohlegrill Lüftung schließen) und auf indirekte Hitze wechseln. Steaks mit geschlossenem Deckel bei indirekter Hitze (ca. 200 °C) noch 15–20 Minuten grillen. Dabei immer wieder mit dem Lack bestreichen.

3 Danach Steaks ohne Hitze noch 15–20 Minuten ruhen lassen (optimale Kerntemperatur 56–58 °C). Wer will, bestreut das Fleisch zum Nachwürzen mit groben Salzflocken – das bringt einen schönen Crunchy-Effekt am Gaumen.

4 Portionen | 18–23 Minuten (Fleisch) | auf Sicht (Lack) | Alu-Grillschale

DRY AGED TOMAHAWK-STEAK

mit gegrillten Süßkartoffeln

FÜR DIE SÜSSKARTOFFELN:
4 Süßkartoffeln
je 2 rote und gelbe Paprikaschoten
1–2 EL Olivenöl
100 g Mozzarella
100 g Parmesan (am Stück)
100 g Cheddar (am Stück)
4 Frühlingszwiebeln
1 EL Crème fraîche
Saft von 1 Limette
feines Salz
Cayennepfeffer
1 Zahnstocher

FÜR DEN LACK:
2–3 EL Ketjap Manis
2–3 EL Ahornsirup
2 EL Honigwein
½ TL grobes Salz
2–3 getrocknete Chilischoten

FÜR DIE STEAKS:
2 Steaks (à ca. 800 g; Tomahawk-Schnitt mit langem Knochen)
grobes Salz
Pflanzenöl für den Grillrost

1 Den Grill für direkte/indirekte starke Hitze vorbereiten. Süßkartoffeln waschen, rundum mit dem Zahnstocher mehrmals einstechen und mit geschlossenem Deckel bei indirekter Hitze (ca. 200 °C) 1–1 ½ Stunden garen. Paprika häuten (siehe S. 44), entkernen und würfeln. Mozzarella würfeln. Parmesan und Cheddar grob reiben. Frühlingszwiebeln putzen, waschen und in Ringe schneiden.

2 Gegarte Süßkartoffeln quer halbieren und mit einem Löffel auskratzen, dabei die Schale nicht verletzen. Süßkartoffelmasse, Paprikawürfel, Crème fraîche, Mozzarella, Parmesan, die Hälfte des Cheddars, Limettensaft und Frühlingszwiebeln verrühren, mit Salz und Cayenne würzen. Die Füllung auf die Süßkartoffelschalen verteilen und mit restlichem Cheddar bestreuen. Dann mit geschlossenem Deckel bei indirekter Hitze (ca. 200 °C) in 10–15 Minuten überbacken.

3 Für den Lack alle Zutaten in einer Alu-Grillschale offen bei direkter Hitze einkochen. Steaks kalt waschen, trocken tupfen und rundum salzen. Grillrost fetten und die Steaks offen bei direkter Hitze beidseitig grillen, bis ein Muster entsteht.

4 Dann die Hitze reduzieren (dazu beim Holzkohlegrill Lüftung schließen) und auf indirekte Hitze wechseln. Die Steaks mit geschlossenem Deckel bei indirekter Hitze (160–180 °C) noch 15–20 Minuten grillen. Dabei ab und zu wenden und immer wieder mit dem Lack bestreichen. Zuletzt die Steaks ohne Hitze 10–15 Minuten ruhen lassen (optimale Kerntemperatur 56–58 °C). Mit den gefüllten Süßkartoffeln servieren.

4 Portionen | 18–23 Min. (Fleisch) | 1–1 ½ Std. (Süßkartoffeln) | Alu-Grillschale

RINDERFILET

mit Szechuan-Pfeffer

800 g Rinderfilet (am Stück oder in 4 Tournedos geschnitten; ggf. vom Metzger vorbereiten lassen)
1 EL Szechuan-Pfeffer
grobes Salz
Küchengarn
Pflanzenöl für den Grillrost

1 Den Grill für direkte/indirekte starke Hitze vorbereiten. Falls nötig, das Rinderfilet zum Schneiden in Frischhaltefolie wickeln (so entstehen feste, gleichmäßige Scheiben mit sauberem Schnitt), danach die Folie entfernen. Die Filets mit Küchengarn binden. Den Pfeffer im Mörser fein zerstoßen. Die Filets mit Salz würzen.

2 Den Grill fetten und die Filets offen bei direkter Hitze (ca. 230 °C) von beiden Seiten grillen, bis ein Muster entsteht. Die Filets mit Pfeffer würzen. Dann die Hitze reduzieren (dazu beim Holzkohlegrill Lüftung schließen) und auf indirekte Hitze wechseln. Die Filets offen bei indirekter Hitze (ca. 180 °C) noch 8–10 Minuten grillen.

3 Die Filets ohne Hitze noch mind. 5 Minuten ruhen lassen (optimale Kerntemperatur 56–61 °C), nach Belieben nochmals würzen. Zum Servieren das Küchengarn entfernen.

4 Portionen · 11–15 Minuten

MARINIERTES ENTRECOTE

mit BBQ-Whisky-Sauce

FÜR DIE STEAKS:

2 EL schwarze Pfefferkörner
2 EL Knoblauchgranulat
1 EL brauner Zucker
1 EL grobes Rauchsalz
(siehe Tipp S. 165)
abgeriebene Schale von
2 unbehandelten Limetten
4 Steaks vom Entrecote (à 300–350 g)
Pflanzenöl für den Grillrost

FÜR DIE SAUCE:

2 Schalotten
2 Knoblauchzehen | 50 g Ingwer
1 EL brauner Zucker
1 EL Zuckerrübenkraut
100 ml Rinderfond | 100 ml Malzbier
250 ml Tomatensaft
Saft von 1 Limette
6 cl Whisky | 1–2 EL Sojasauce
ausgekratztes Mark von
½ Vanilleschote
grobes Rauchsalz | Chili aus der Mühle

1 Für die Steaks Pfefferkörner, Knoblauchgranulat, Zucker und Rauchsalz im Mörser grob zerstoßen. Anschließend die Limettenschale dazugeben. Die Steaks mit dem Rub einreiben und zugedeckt bei Zimmertemperatur 30–40 Minuten marinieren (am besten über Nacht im Kühlschrank).

2 Den Grill für direkte/indirekte starke Hitze vorbereiten. Für die Sauce Schalotten, Knoblauch und Ingwer schälen und würfeln. Zucker, Zuckerrübenkraut, Schalotten, Knoblauch und Ingwer in einer Alu-Grillschale offen bei direkter Hitze erhitzen und die Sauce leicht karamellisieren.

3 Alles mit Fond, Bier, Tomaten- und Limettensaft ablöschen und 10–15 Minuten einkochen. Dann Whisky, Sojasauce und Vanillemark hinzufügen, die Sauce mit Rauchsalz und Chili würzen und noch leicht einkochen.

4 Grillrost fetten und Steaks offen bei direkter Hitze (200–230 °C) von beiden Seiten grillen, bis ein Muster entsteht. Die Hitze reduzieren und Steaks mit geschlossem Deckel bei indirekter Hitze (ca. 200 °C) in 6–8 Minuten rosa grillen. Steaks ohne Hitze noch 5–10 Minuten ruhen lassen (optimale Kerntemperatur 54–58 °C). Mit der BBQ-Sauce servieren.

TIPP

Für ein gezacktes Grillmuster – wie hier auf dem Entrecote – verwendet man einen Grillrost mit Rauten. Das Fleisch darauf zunächst offen bei direkter starker Hitze so lange auf Sicht angrillen, bis ein kräftiges Muster entstanden ist.

4 Portionen | 9–11 Minuten (Fleisch) | auf Sicht (Sauce) | Alu-Grillschale

Bratislava
Adelaide
Whitehorse

HOT CHILI & CHERRY RIPS

FÜR DIE RIPPEN:
2 kg fleischige Schweinerippenbögen (am besten vom schwäbisch-hällischen Landschwein)
Pflanzenöl für den Grillrost

FÜR DIE MARINADE:
2 unbehandelte Limetten
1 junge Knoblauchknolle
1 große Ingwerknolle
je 4 rote und grüne Chilischoten
4 Melissenstiele
1 Glas eingelegte Sauerkirschen (680 g Abtropfgewicht)
200 ml Kirschsaft
100 ml Sojasauce
2–3 EL brauner Zucker
2 EL grobes Salz

1 Den Rippenbogen kalt waschen, trocken tupfen und auf der Knochenseite jeweils mittig einschneiden, sodass die Knochen beim Grillen frei liegen.

2 Für die Marinade Limetten heiß waschen und abtrocknen, dann mit Knoblauch und Ingwer in Scheiben schneiden. Die Chili waschen und schräg in Stücke schneiden. Die Melisse waschen, trocken tupfen und die Blätter abzupfen.

3 Alle Zutaten in einer flachen Schale zu einer Marinade verrühren. Den Rippenbogen darin einlegen und beschweren. Zugedeckt mind. 3–4 Stunden marinieren (am besten über Nacht im Kühlschrank). Dabei nach Hälfte der Zeit wenden.

4 Den Grill für direkte/indirekte schwache bis mittlere Hitze vorbereiten. Den Rippenbogen aus der Marinade nehmen und trocken tupfen. Den Grillrost fetten und den Rippenbogen mit geschlossenem Deckel bei indirekter Hitze (140–160 °C) 2 ½–3 Stunden grillen. Die Marinade in einer Alu-Grillschale bei direkter Hitze einkochen und die Rippen damit immer wieder bestreichen.

5 Zum Schluss die Marinade durch ein Sieb gießen (Kirschen und Würzzutaten entfernen) und sirupartig einkochen. Zum Servieren den Rippenbogen mit dem Sirup bestreichen und entlang der Knochen in einzelne Rips schneiden.

»Schwäbisch-hällische Landschweine werden artgerecht gehalten – eine Garantie für beste Fleischqualität.«

6–8 Portionen | 2 ½–3 Stunden (Fleisch) | auf Sicht (Marinade) | Alu-Grillschale

KOTELETTS

mit Wacholder-Honig-Lack

FÜR DIE KOTELETTS:
4 Koteletts (am besten vom schwäbisch-hällischen Landschwein, mit Fett und Schwarte; à 200–250 g)
feines Salz | Pfeffer aus der Mühle
Pflanzenöl für den Grillrost

FÜR DEN LACK:
6 EL Akazienhonig
1–2 Spritzer Tabasco
4 EL helle Sojasauce
Saft von 1 Zitrone
2 EL Zitrusfrucht-Likör (z.B. Likör 43) | ½ TL grobes Salz
1 TL Wacholderbeeren
3–4 Gewürznelken
1 TL schwarze Pfefferkörner

1 Grill für direkte/indirekte starke Hitze vorbereiten. Koteletts kalt waschen, trocken tupfen, die Schwarte gleichmäßig einschneiden. Für den Lack Honig, Tabasco, Sojasauce, Zitronensaft, Likör, Salz und Gewürzen in einer Alu-Grillschale auf dem Grill offen bei direkter Hitze sirupartig einkochen.

2 Den Grillrost fetten, die Koteletts salzen und offen bei direkter Hitze (ca. 200 °C) von beiden Seiten grillen, bis ein Muster entsteht. Danach Hitze reduzieren (dazu beim Holzkohlegrill Lüftung schließen) und auf indirekte Hitze wechseln. Die Koteletts nebeneinander aufstellen und mit geschlossenem Deckel bei indirekter Hitze (160–180 °C) auf der Fettseite noch 12–15 Minuten grillen.

3 Die Koteletts vom Grill nehmen, pfeffern und mit dem Lack bestreichen. Vor dem Servieren ohne Hitze noch 5–10 Minuten ruhen lassen (optimale Kerntemperatur 54–56 °C).

4 Portionen | 15–18 Minuten (Fleisch) | 15–20 Minuten (Lack) | Alu-Grillschale

CRISPY PORK BELLY

mit Pflaumenweinlack

1 Für den Pork Belly den Kaffir-Koriander-Rub wie beschrieben zubereiten (siehe S. 173). Die Schwarte des Schweinebauchs mit einem scharfen Messer oder einer Rasierklinge rautenförmig einschneiden. Den Schweinebauch mit dem Rub rundum einreiben, dann zugedeckt und beschwert bei Zimmertemperatur 3 ½–4 Stunden marinieren (am besten über Nacht im Kühlschrank).

2 Den Grill für direkte/indirekte schwache Hitze vorbereiten. Den Schweinebauch in eine große Alu-Grillschale setzen und mit geschlossenem Deckel bei indirekter Hitze (120–140 °C) 4–4 ½ Stunden sanft grillen.

3 Inzwischen für den Lack Ingwer in Scheiben schneiden. Chili waschen, schräg halbieren und mit Ingwer, Honig, Sojasauce, Limettensaft, Pflaumenwein und Likör in eine Alu-Grillschale geben. Den Lack gleichzeitig bei direkter Hitze langsam sirupartig einkochen.

4 Kurz vor Garzeitende die Hitze auf 160–180 °C erhöhen, den Schweinebauch knusprig grillen. Dabei immer wieder mit Lack bestreichen und den Deckel jeweils nur kurz öffnen.

FÜR DEN RUB:
3 Kaffir-Limettenblätter
1 getrocknete Chilischote
1 EL Pimentkörner
1 EL Korianderkörner
1 TL schwarze Pfefferkörner
1 TL brauner Zucker
1 TL grobes Rauchsalz (siehe Tipp)

FÜR DEN PORK BELLY:
500 g Schweinebauch
(am besten vom schwäbisch-hällischen Landschwein)

FÜR DEN LACK:
50 g Ingwer
1 rote Chilischote | 3 EL Honig
2 EL Sojasauce
Saft von 2 Limetten
100 ml Pflaumenwein
2 EL Zitrusfrucht-Likör
(z.B. Likör 43)

TIPP

Rauchsalz besteht aus Meersalz, das geräuchert oder mit Räucheraroma versetzt ist. Sie finden im Handel verschiedene Aromarichtungen – je nachdem, welches Holz zum Räuchern des Salzes verbrannt wurde – zum Beispiel Buchen- oder Wacholderholz.

4–6 Portionen | 4–4 ½ Stunden (Fleisch) | auf Sicht (Lack) | Alu-Grillschale

SCHWEINEFILET

mit Brunnenkresse im Specknetz

2 Bund Brunnenkresse
1 Schweinefilet
(ca. 600 g, ohne Fett und Sehnen)
feines Salz
schwarzer Pfeffer aus der Mühle
12–14 dünne Scheiben
Frühstücksspeck
Küchengarn
Pflanzenöl für den Grillrost

1 Den Grill für indirekte mittlere Hitze vorbereiten. Die Brunnenkresse waschen, trocken tupfen und die Blätter abzupfen. Das Filet mit Salz und Pfeffer würzen.

2 Den Speck auf Backpapier netzförmig auslegen. Zuerst die Brunnenkresse, dann das Filet daraufsetzen und alles mit Hilfe des Backpapiers eng aufrollen. Danach das Backpapier entfernen und alles mit Küchengarn fixieren

3 Den Grillrost fetten und das Filet mit geschlossenem Deckel bei indirekter Hitze (ca. 180 °C) 20–35 Minuten grillen. Anschließend ohne Hitze noch 8–10 Minuten ruhen lassen (optimale Kerntemperatur 72–76 °C). Zum Servieren das Küchengarn entfernen und das Filet in Scheiben schneiden.

4 Portionen 20–35 Minuten

GERÄUCHERTE BRATWÜRSTE

mit Kaffir-Limette und Honig

FÜR DIE MARINADE:
8 Zitronengrasstiele
4 Kaffir-Limettenblätter
abgeriebene Schale und Saft von 2 unbehandelten Zitronen
100 g Honig
feines Salz
Chili aus der Mühle

FÜR DIE BRATWÜRSTE:
10–12 frische grobe Bratwürste
Pflanzenöl für den Grillrost

AUSSERDEM:
1–2 Handvoll Apfelholzchips (mind. 30 Minuten gewässert)

1 Den Grill auf direkte mittlere Hitze vorbereiten. Für die Marinade Zitronengras von den äußeren Blättern befreien und nur das untere weiche Drittel in Stücke schneiden.

2 In einer Alu-Grillschale offen bei direkter Hitze 300 ml Wasser mit Zitronengras und Limettenblättern einmal aufkochen. Anschließend im eiskalten Wasserbad abkühlen. Zitronenschale und -saft sowie Honig dazugeben und die Marinade mit Salz und Chili würzen. Die Bratwürste in der Marinade zugedeckt 1–1 ½ Stunden marinieren (am besten über Nacht im Kühlschrank).

3 Die Bratwürste aus der Marinade nehmen und trocken tupfen. Marinade auf dem Grill in einer Alu-Grillschale offen bei direkter Hitze fast sirupartig zu einem Mop einkochen.

4 Den Grillrost fetten. Zum Räuchern die Holzchips abtropfen lassen und direkt auf die Glut oder nach Herstelleranweisung in die Räucherbox des Gasgrills (siehe Tipp S. 83) geben, den Deckel schließen. Sobald Rauch entsteht, die Bratwürste mit geschlossenem Deckel bei direkter Hitze (160–180 °C) nach Geschmack 15–20 Minuten garen und räuchern. Dabei immer wieder mit dem Mop bestreichen.

»So werden Bratwürste raffiniert verfeinert – mit Marinade, Mop und Melisse.«

4 Portionen | 15–20 Minuten (Würste) | auf Sicht (Marinade) | Alu-Grillschale

1

2

3

4

DIE BESTEN WÜRZMISCHUNGEN

für Geflügel, Wild und Fleisch (jeweils für ca. 1 kg)

KAFFIR-KORIANDER-RUB (1)

6 Kaffir-Limettenblätter in Stücke hacken. **2 getrocknete Chilischoten, je 2 EL Piment- und Korianderkörner** und **1 EL schwarze Pfefferkörner** in einer Alu-Grillschale offen bei direkter Hitze (140–160 °C) rösten, bis sich ein kräftiges Aroma entwickelt. Dann mit je **1 EL braunem Zucker** und **grobem Rauchsalz** (siehe Tipp S. 165) im Mörser fein zerstoßen. Schmeckt zu Schweinebauch (siehe S. 165).

CAIPIRINHA-MARINADE (2)

4 EL braunen Zucker, die abgeriebenen Zesten und den Saft von 4 unbehandelten Limetten und **1–2 EL grobes Salz** in einer Schüssel gründlich verrühren, bis Zucker und Salz aufgelöst sind. Wenn nur Erwachsene mitessen, nach Belieben noch **5–6 EL Cachaça-Rum** in die Marinade geben. Die Marinade eignet sich für Geflügel – im Ganzen oder als Teilstücke (siehe S. 133).

GLÜHWEIN-MOP (3)

2 Zimtstangen, das ausgekratzte Mark von 1 Vanilleschote, die abgeriebene Schale und den Saft von 2 unbehandelten Orangen, 300 ml Rotwein, je 2 EL Sojasauce und **braunen Zucker, 4 EL Honig** und **3–4 Gewürznelken** in eine Alu-Grillschale geben. Alles auf dem Grill offen bei direkter Hitze (140–160 °C) sirupartig einkochen. Der Mop ist geeignet für Wildbret wie Hirschfleisch (siehe S. 140).

KARDAMOM-PIMENT-RUB (4)

Je **2 EL grobes schwarzes Salz, braunen Zucker** und **Pimentkörner, 3 EL Korianderkörner** und **1 EL Kardamomkapseln** im Mörser grob zerstoßen. Passt zu Rinderbraten und Rinderrippen.

TIPP

Die Mengen für Rub, Marinade und Mop sind für etwa 1 Kilogramm Fleisch berechnet. Sie können die Rezeptur aber genauso für kleinere oder größere Portionen verwenden – je nachdem, ob Sie ein mehr oder weniger starkes Aroma bevorzugen. Weitere Tipps zum Marinieren finden Sie in der Einleitung.

*Zutaten mit Grillaroma –
so schmeckt*

SÜSSES

QUARKKÜCHLEIN

auf dem Grill gebacken

½ Würfel frische Hefe (21 g)
100 ml lauwarme Milch
2 Eier
125 g Mehl
70 g Quark
60 g Zucker
ausgekratztes Mark von
1 Vanilleschote
weiche Butter und Zucker
für die Förmchen
Puderzucker zum Bestäuben

1 Den Grill für indirekte mittlere Hitze vorbereiten. Für den Teig Hefe in einer Schüssel zerbröseln, mit lauwarmer Milch aufgießen und darin auflösen. Die Eier trennen. Mehl und Quark in einer Schüssel mischen und Hefemilch und Eigelbe dazugeben. 40 g Zucker und Vanillemark hinzufügen und alles zu einem glatten Teig verrühren.

2 Die Eiweiße mit restlichem Zucker langsam steif schlagen und vorsichtig unter die Masse heben. Den Teig zugedeckt an einem warmen Ort 25–30 Minuten gehen lassen. (Dazu nach Belieben den Hefeteig an den Rand des Grills stellen. Die Temperatur sollte 50 °C jedoch nicht übersteigen.)

3 Die Förmchen mit Butter fetten und mit etwas Zucker ausstreuen. Den Hefeteig nochmals aufrühren und jeweils zu zwei Dritteln in die Förmchen füllen.

4 Die Küchlein auf dem Grill mit geschlossenem Deckel bei indirekter Hitze (160–180 °C) 8–10 Minuten backen. Zum Servieren mit Puderzucker bestäuben und nach Belieben mit einer Erdbeersauce (siehe Tipp) servieren.

TIPP

Für die Erdbeersauce 250 g frische Erdbeeren waschen, entstrunken und grob schneiden. Dann mit 2–3 EL Honig je nach gewünschter Süße pürieren. Die Milch können Sie in einer kleinen Alu-Grillschale am Rand des Grills erwärmen.

4 Portionen | 8–10 Minuten | 8 kleine Metallförmchen

GEGRILLTE PFIRSICHE

mit Ziegenkäse und süßem Pesto

1 Den Grill für indirekte starke Hitze vorbereiten. Pfirsiche waschen, halbieren und die Kerne entfernen. Den Grillrost fetten und die Pfirsichhälften offen bei indirekter Hitze (ca. 200 °C) von beiden Seiten grillen, bis ein Muster entsteht. Inzwischen Honig und Limettensaft verrühren.

2 Die Pfirsiche vom Grill nehmen und mit der Schnittfläche nach oben in eine Alu-Grillschale setzen. Die Ziegenkäsescheiben auf die Pfirsichhälften setzen und den Honiglimettensaft darüberträufeln. Die Hitze reduziern und die Pfirsiche mit geschlossenem Deckel bei indirekter Hitze (140–160 °C) in 8–10 Minuten fertig grillen.

3 Für das Pesto Minze und Melisse waschen und trocken schütteln. Die Blätter abzupfen, fein schneiden und in den Mörser geben. Dann Mandelsplitter, Puderzucker, Öl und Zitronensaft hinzufügen und alles zu einem Pesto verarbeiten, zuletzt mit Chili abschmecken.

4 Zum Servieren das Pesto über die gegrillten Pfirsiche geben und diese mit Zesten und frischer Minze garnieren.

FÜR DIE PFIRSICHE:
4 halbfeste Pfirsiche
2 EL Honig
Saft von 1 Limette
200 g Ziegenfrischkäse (in 8 Scheiben)
Pflanzenöl für den Grillrost
Minze zum Garnieren

FÜR DAS PESTO:
je ½ Bund Minze und Melisse
80 g geröstete Mandelsplitter
70 g Puderzucker
75 ml Sonnenblumenöl
abgeriebene Zesten und Saft von 1 unbehandelten Zitrone
Chili aus der Mühle

»Eine knackige Krönung: die gegrillten Pfirsiche zusätzlich mit gehackten Walnüssen verfeinern.«

4 Portionen | 13–15 Minuten | Alu-Grillschale

JOHANN LAFERS KAISERSCHMARRN

mit Zwetschgenröster

FÜR DEN SCHMARRN:
2 EL Rosinen
3 cl brauner Rum
4 Eier (Größe M)
75 g Zucker
125 ml Milch
120 g Mehl
50 g Butterschmalz
25 g Butter
Puderzucker

FÜR DEN RÖSTER:
8–10 gewaschene, entsteinte Zwetschgen oder Pflaumen
50 g Zucker
250 ml Rotwein
1 Zimtstange
2 Sternanis
ausgekratztes Mark von ½ Vanilleschote
1 EL angerührte Speisestärke

1 Den Grill für direkte/indirekte mittlere Hitze vorbereiten. Für den Schmarrn die Rosinen im Rum einweichen. Die Eier trennen, die Eigelbe in eine große Schüssel geben und mit 25 g Zucker und Milch verrühren. Das Mehl dazugeben und alles zu einem glatten Teig rühren. Eiweiße steif schlagen, dabei 25 g Zucker nach und nach einrieseln lassen. Den Eischnee unter den Teig heben.

2 Butterschmalz in einer Alu-Grillschale mit geschlossenem Deckel bei indirekter Hitze (ca. 180 °C) erhitzen. Die Alu-Grillschale zu zwei Dritteln mit Teig füllen, die Rosinen daraufstreuen und den Schmarrn 10–15 Minuten backen.

3 Für den Röster die Zwetschgen in Spalten schneiden. In einer zweiten Alu-Grillschale den Zucker offen bei direkter Hitze karamellisieren und mit Wein ablöschen. Gewürze und Vanillemark hinzufügen, den Sud aufkochen und mit angerührter Stärke binden.

4 Die Zwetschgen dazugeben, auf indirekte Hitze wechseln und alles mit geschlossenem Deckel bei indirekter Hitze (ca. 180 °C) 5–10 Minuten einkochen lassen. Zum Servieren die Gewürze entfernen.

5 Den Kaiserschmarrn in der Alu-Grillschale mit zwei Gabeln in Stücke reißen und Butterflocken sowie übrigen Zucker darüber verteilen. Den Schmarrn auf dem Grill noch leicht karamellisieren lassen und zum Servieren mit Puderzucker bestreuen. Den Zwetschgenröster dazu reichen.

4 Portionen · je 10–15 Minuten (Schmarrn und Röster) · Alu-Grillschale

ZITRONENGRAS-KOKOS-MILCHREIS

mit karamellisierten Birnen

FÜR DEN MILCHREIS:
4 Zitronengrasstiele
5–6 EL Zucker
3–4 EL milder Honig
200 g Milchreis
2–3 Kaffir-Limettenblätter
100 ml weißer Traubensaft
Saft von 1 Limette
400 ml Milch
300 ml Kokosmilch
2 cl Zitrus-Fruchtlikör
(z.B Likör 43, nach Belieben)
Zimt zum Bestäuben
4 Minzestiele zum Garnieren

FÜR DIE BIRNEN:
4 feste, reife Birnen
Saft von 1 Limette
2 EL Zucker
1 Zimtstange

1 Den Grill für direkte mittlere bis starke Hitze vorbereiten. Das Zitronengras von äußeren Blätter befreien und die Stiele etwas weich klopfen.

2 Den Zucker in den gusseisernen Topf geben und diesen auf den Grill stellen. Honig und Reis dazugeben und alles mit geschlossenem Deckel bei direkter Hitze (180–200 °C) leicht karamellisieren lassen.

3 Dann Zitronengras und Limettenblätter hinzufügen und alles mit Trauben- und Limettensaft ablöschen. Milch und Kokosmilch nach und nach unterrühren, dabei den Deckel immer nur kurz öffnen. Zuletzt den Milchreis nach Belieben mit Likör abschmecken.

4 Für die karamellisierten Birnen die Früchte schälen und vierteln, die Viertel entkernen und grob schneiden. Mit Limettensaft, Zucker und Zimt in eine Alu-Grillschale geben. Die Birnen mit geschlossenem Deckel bei direkter Hitze (180–200 °C) in 5–10 Minuten weich garen, dabei sollen sie leicht karamellisieren.

5 Zum Servieren den Kokosmilchreis mit Zimt bestreuen und mit Minzeblättern garnieren. Die Birnen dazu reichen.

4 Portionen | 20–25 Minuten (Reis) | 5–10 Minuten (Birnen) | gusseiserner Topf

SCHWARZWÄLDER KIRSCH

Schoko-Blinis mit Kirschen und Vanillesahne

FÜR DIE BLINIS:
2 Eier | 15 g Hefe
80 ml lauwarme Milch | 120 g Mehl
1–2 EL ungesüßtes Kakaopulver
3–4 EL Zucker
Pflanzenöl für die Grillplatte

FÜR DIE KIRSCHEN:
100 ml Kirschsaft | 50 g Zucker
etwas angerührte Speisestärke
200 g entsteinte Sauerkirschen
1–2 EL Honig

FÜR DIE SAHNE:
300 g Sahne
ausgekratztes Mark von
1 Vanilleschote
1–2 EL Zucker

AUSSERDEM:
Puderzucker zum Bestäuben
2 Minzestiele zum Garnieren

1 Für die Blinis die Eier trennen. Die Hefe in der lauwarmen Milch auflösen. Mehl mit Kakao mischen, Hefemilch und Eigelbe dazugeben und alles mit 1–2 EL Zucker glatt rühren. Die Eiweiße mit dem restlichen Zucker steif schlagen und vorsichtig unter den Teig heben. Den Teig zugedeckt an einem warmen Ort etwa 20 Minuten gehen lassen.

2 Den Grill für direkte mittlere Hitze vorbereiten. Kirschsaft und Zucker in einer Alu-Grillschale offen bei direkter Hitze aufkochen und mit der angerührten Stärke binden. Die Kirschen dazugeben, alles kurz aufkochen und vom Grill nehmen. Dann mit Honig abschmecken. Für die Vanillesahne die Sahne mit dem Vanillemark aufschlagen. Dabei, sobald die Sahne halbsteif ist, den Zucker einrieseln lassen.

3 Grillplatte oder Alu-Grillschale mit geschlossenem Deckel vorheizen. Die Platte fetten und nebeneinander je 1 EL Teig daraufsetzen. Blinis mit geschlossenem Deckel bei direkter Hitze (160–180 °C) von jeder Seite 2–3 Minuten grillen. Den Vorgang so oft wiederholen, bis der Teig aufgebraucht ist. Zum Servieren Blinis mit Puderzucker bestäuben und mit Minze garnieren. Kirschen und Vanillesahne dazu reichen.

TIPP

Eine gusseiserne Grillplatte wird wie ein Rost auf den Grill gelegt und eignet sich zum Ausbacken von Blinis oder Omeletts, Fisch und Fleisch. Sie können die Blinis aber auch genauso gut in mehreren Portionen in einer Alu-Grillschale zubereiten .

4 Portionen | 10–15 Minuten | gusseiserne Grillplatte, Alu-Grillschale

TOPFENSOUFFLÉS

mit Erdbeeren und Macadamia-Nüssen

FÜR DIE ERDBEEREN:
100 g Macadamia-Nüsse
30 g Zucker
500 g Erdbeeren
3 EL Akazienhonig
½ Bund Minze

FÜR DIE SOUFFLÉS:
450 g Magerquark
5 Eier (Größe M)
150 g Zucker
Saft und abgeriebene Schale von
1 unbehandelten Limette
50 g Mehl
3 TL Speisestärke

AUSSERDEM:
50 g weiche Butter und
Zucker für die Form
100 g Aprikosenkonfitüre
Puderzucker zum Bestäuben

1 Den Grill für direkte/indirekte starke Hitze vorbereiten. Nüsse in einer Alu-Grillschale ohne Fett mit geschlossenem Deckel bei direkter Hitze (200–230 °C) goldbraun rösten. Sobald sie Farbe haben, mit Zucker bestreuen und hellbraun karamellisieren. Danach die Nüsse vom Grill nehmen (den Deckel des Grills wieder schließen) und grob hacken.

2 Erdbeeren waschen, entkelchen und vierteln. Die Hälfte zerdrücken und mit Honig mischen. Minze waschen und trocken schütteln, die Blätter abzupfen und fein schneiden (etwas zum Garnieren beiseitelegen). Nüsse, zerdrückte und ganze Erdbeeren und Minze mischen.

3 Für die Soufflés Quark in die Mitte eines sauberen Küchentuchs geben, die Ecken bündeln und den Quark so lange ausdrücken, bis fast keine Flüssigkeit mehr herausläuft. Eier trennen und die Eigelbe mit 70 g Zucker hellschaumig aufschlagen. Die Eiweiße steif schlagen, dabei restlichen Zucker nach und nach einrieseln lassen. Quark, Limettensaft und -schale, Mehl und Stärke mit der Eigelb-Zucker-Mischung gut verrühren. Zuletzt Eischnee vorsichtig unterheben.

4 Förmchen mit Butter fetten und mit Zucker ausstreuen. Erst Konfitüre in die Förmchen verteilen, dann jeweils zu drei Vierteln mit Soufflémasse füllen. Eine zur Hälfte mit Wasser gefüllte Alu-Grillschale auf den Grillrost stellen, Förmchen hineinsetzen und mit geschlossenem Deckel bei indirekter Hitze (ca. 200 °C) 15–18 Minuten garen. (Achtung: Deckel dabei nicht öffnen!) Zum Servieren die Soufflés mit Puderzucker bestäuben und den Erdbeersalat dazu reichen.

4 Portionen | 15–18 Minuten | auf Sicht (Nüsse) | 4 Souffléförmchen (150–200 ml)

WALDBEERKÜCHLEIN

1 Den Grill für indirekte mittlere Hitze vorbereiten. Für den Belag die Beeren verlesen, bei Bedarf waschen und je nach Größe halbieren. Die Förmchen mit Butter bis zum Rand fetten und mit Zucker ausstreuen. Die Hälfte der Beeren in den Förmchen verteilen.

2 Für den Teig die Eier trennen. Die Eigelbe, das Mehl und die Orangenschale in eine Schüssel geben. Dann die zerlassene Butter und die Mandelsplitter hinzufügen und verrühren.

3 Die Eiweiße steif schlagen, dabei den Zucker nach und nach einrieseln lassen. Den Eischnee unter die Eigelbmasse heben. Den Teig in die Förmchen verteilen und die übrigen Beeren daraufsetzen.

4 Die Küchlein mit geschlossenem Deckel bei indirekter Hitze (180 °C) 15–20 Minuten backen. Zum Servieren die Küchlein mit Puderzucker bestäuben.

FÜR DEN BELAG:
300 g gemischte Waldbeeren
(z.B. Himbeeren, Brombeeren oder Heidelbeeren)

FÜR DEN TEIG:
4 Eier
120 g Mehl
abgeriebene Schale von
1 unbehandelten Orange
50 g zerlassene Butter
60 g Mandelsplitter
50 g Zucker

AUSSERDEM:
weiche Butter und Zucker
für die Förmchen
Puderzucker zum Bestäuben

»Die angegebenen Mengen reichen für vier kleine Förmchen oder eine große Tarteform (26–28 cm Durchmesser).«

4 Portionen 15–20 Minuten 4 feuerfeste Porzellanförmchen

LIME CHEESE CAKE

mit schnellem Bröselboden

FÜR DEN BODEN:
5–6 Butterkekse (siehe Tipp)
25 g weiche Butter

FÜR DIE MASSE:
7 Eigelb
125 g Zucker
abgeriebene Zesten und Saft von
1 unbehandelten Limette
300 g Magerquark
50 g Speisestärke
75 g zerlassene Butter

AUSSERDEM:
200 g kleine Erdbeeren
Minze zum Garnieren
Puderzucker zum Bestäuben

1 Den Grill für indirekte mittlere Hitze vorbereiten. Für den Boden die Butterkekse sehr fein zerstoßen. Die Tarteform mit der weichen Butter gründlich fetten und mit den Keksbröseln ausstreuen.

2 Für die Masse die Eigelbe mit Zucker, Limettenzesten und -saft verrühren (dabei einige Zesten zum Garnieren beiseitelegen). Quark und Stärke dazugeben und alles zu einer halbfesten Masse rühren. Zuletzt die zerlassene Butter nach und nach hineinlaufen lassen.

3 Die Masse in die Tarteform geben und den Cheese Cake auf dem Grill mit geschlossenem Deckel bei indirekter Hitze (160–180 °C) 20–25 Minuten backen.

4 Die Erdbeeren waschen und trocken tupfen, entkelchen und halbieren. Den Cheese Cake vom Grill nehmen und kurz abkühlen lassen. Mit Erdbeeren belegen, mit Limettenzesten sowie Minze garnieren und mit Puderzucker bestäuben.

TIPP

Bei diesem schnellen Bröselboden können Sie die Kekse nach Belieben variieren: Anstelle von Butterkeksen passen auch Vollkorn- oder Haferkekse, Short Bread oder Schokoladenkekse (ohne Glasur) zum Lime Cheese Cake. Der Kuchen lässt sich auch in einer runden Alu-Grillschale backen.

4 Portionen · 20–25 Minuten · 1 Tarteform (mind. 24 cm Ø)

ZWETSCHGENDATSCHI

mit Zimt-Rum-Karamell

1 Für den Teig die Hefe zerbröseln, mit lauwarmer Milch aufgießen und darin auflösen. 50 g Zucker dazugeben, 100 g Mehl darübersieben und alles zu einem halbfesten Teig kneten. Den Vorteig zugedeckt an einem warmen Ort in etwa 25 Minuten zu doppelter Größe aufgehen lassen.

2 Den Grill für direkte/indirekte mittlere Hitze vorbereiten. Die Zwetschgen waschen und halbieren, entkernen und in Spalten schneiden. Die Form mit Butter fetten und mit Backpapier auslegen. Danach erneut mit Butter bis zum Rand bestreichen und gleichmäßig mit Zucker ausstreuen.

3 Die Form mit den Zwetschgenspalten gleichmäßig auslegen, dabei rundum einen etwa 1 cm breiten Rand frei lassen. Den Vorteig mit übrigem Mehl, Butter, restlichem Zucker und Ei verkneten, zu einer Kugel formen und nochmals zugedeckt etwa 15 Minuten gehen lassen.

4 Für den Karamell Ingwer schälen und fein würfeln. Zucker gleichmäßig in eine Alu-Grillschale streuen und offen bei direkter Hitze (160–180 °C) braun karamellisieren. Mit Rum ablöschen, Ingwer hinzufügen und mit Sahne aufgießen. Sauce so lange köcheln, bis sich der Karamell vollständig aufgelöst hat. Zuletzt mit Zimt würzen und beiseitestellen.

5 Den Hefeteig auf die Zwetschgen geben und den Kuchen mit geschlossenem Deckel bei indirekter Hitze (ca. 180 °C) 35–40 Minuten backen. Vom Grill nehmen und abkühlen lassen. Zum Servieren stürzen, das Backpapier abziehen und die Karamellsauce dazu reichen.

FÜR DEN TEIG:
10 g frische Hefe
70 ml lauwarme Milch
75 g Zucker
150 g Mehl
20 g weiche Butter
1 Ei (Größe M)

FÜR DEN KARAMELL:
50 g Ingwer
70 g Zucker
2 cl Rum
300 g Sahne
½ TL Zimtpulver

AUSSERDEM:
6–8 Zwetschgen
weiche Butter und Zucker für die Form

4 Portionen · 35–40 Minuten · 1 Tarteform (mind. 24 cm Ø), Alu-Grillschale

FLAMBIERTE APFELTARTE

FÜR DEN BELAG:
25 g zerlassene Butter für die Form
4 grüne Äpfel (z.B. Granny Smith)
2 EL Zucker

FÜR DEN TEIG:
4 Eier | 100 g Zucker
ausgekratztes Mark von 1 Vanilleschote
abgeriebene Schale von
1 unbehandelten Zitrone
100 ml Milch
120 g Mehl

AUSSERDEM:
2 EL brauner Zucker
2 cl Stroh-Rum
Puderzucker zum Bestäuben

1 Für den Belag Form mit Butter fetten. Äpfel schälen, vierteln, entkernen und in Spalten schneiden. Form mit Backpapier auslegen, mit Zucker bestreuen und die Äpfel darauflegen.

2 Den Grill auf direkte/indirekte mittlere bis starke Hitze vorbereiten. Für den Teig die Eier trennen. Die Eiweiße mit 50 g Zucker steif schlagen. Eigelbe mit Vanillemark, Zitronenschale, restlichem Zucker, Milch und Mehl verrühren. Eischnee unterheben und den Teig über die Äpfel verteilen.

3 Die Tarte mit geschlossenem Deckel bei direkter Hitze (180–200 °C) 3–4 Minuten vorgrillen. Danach auf indirekte Hitze wechseln und die Tarte noch 10–15 Minuten grillen. Auf ein Brett stürzen und das Backpapier entfernen. Zum Flambieren die Tarte gleichmäßig mit braunem Zucker bestreuen und mit Rum übergießen, anzünden und karamellisieren. Zum Servieren mit Puderzucker bestäuben.

4 Portionen | 13–19 Minuten | 1 Tarteform (26–28 cm Ø)

Bratislava

Konzeption: Johann Lafer, Manuel Weyer
Projektleitung: Claudia Bruckmann
Fotografie und Titelfotos: Michael Wissing (außer S. 5 Mitte rechts, S. 8 und S. 16 rechts: Joerg Lehmann)
Styling: Michael Wissing, Renee Werner
Foodstyling und Rezepte: Manuel Weyer
Editorial: Ute Battig
Theorietexte und Lektorat: Kathrin Gritschneder
Korrektorat: Petra Bachmann
Umschlag und Gestaltungskonzept: ki36 Editorial Design, Sabine Krohberger, Bettina Stickel
Illustrationen: Franziska Misselwitz
Layout und Satz: Marion Feldmann
Herstellung: Markus Plötz
Reproduktion: Longo AG, Bozen
Druck und Bindung: Firmengruppe APPL, Wemding

ISBN 978-3-8338-4444-7

1. Auflage 2015

www.facebook.com/gu.verlag

GRÄFE UND UNZER

Ein Unternehmen der
GANSKE VERLAGSGRUPPE

Johann Lafer finden Sie unter
Johann Lafers Stromburg
55442 Stromberg
Telefon +49-6724-93100
E-Mail: stromburghotel@lafer.de
www.lafer.de

Alles für die gute Küche finden Sie unter
www.lafershop.de

Mein Dank ...
... gilt allen, die an diesem Buch mitgewirkt und es zu dem gemacht haben, was es ist.

Manuel Weyer hat als mein langjähriger, unverzichtbarer Mitarbeiter und meine »rechte Hand« in diesem Buch maßgeblich dazu beigetragen, das Thema »Grillen« zu perfektionieren. Gemeinsam haben wir vor einigen Jahren das Grillen komplett neu entdeckt und das Thema zu unserer absoluten Leidenschaft entwickelt.

Michael Wissing für seine Fotografie und die Freundschaft, die uns verbindet, seine Originalität sowie seinen Anspruch. Seine unnachahmliche Klarheit in der Sicht auf die Dinge und seine Perfektion sind mir stets aufs Neue eine Bereicherung.

Ute Battig für ihre Anregungen und die inhaltliche Begleitung als Texterin.

Kathrin Gritschneder für ihre verlässliche Erfahrung und Übersicht als Lektorin und allerletzte Instanz.

Claudia Bruckmann für ihre professionelle verlagsseitige Betreuung, die Gesamtkoordination und Steuerung als Projektleiterin.